FRANCISCO CÂNDIDO
XAVIER — WALDO
VIEIRA

OPINIÃO ESPÍRITA

Ditado pelos Espíritos de
EMMANUEL E ANDRÉ LUIZ

Capa de Jo

1.ª Edição — 1963
20.000 exemplares

EDIÇÃO CEC
Comunhão Espírita Cristã
R. Seis, 215 — V. Silva Campos
Uberaba — M. G.

ESCLARECIMENTO AO LEITOR

Esta nova edição procura contemplar o texto dos autores espirituais Emmanuel e André Luiz, psicografados por Francisco Cândido Xavier e Waldo Vieira, conforme registrado na primeira edição, arquivada e disponível para consulta nos acervos da FEB (Patrimônio do Livro e Biblioteca de Obras Raras).

Dessa forma, as modificações ocorrerão apenas no caso de haver incorreção patente quanto à norma culta vigente da Língua Portuguesa no momento da publicação, ou para atender às diretrizes de normalização editorial previstas no Manual de Editoração da FEB, sem prejuízo para o conteúdo da obra nem para o estilo do autor espiritual.

Quando se tratar de caso específico que demandar explicação própria, esta virá como nota de rodapé, para facilitar a compreensão textual.

Para a redação de cada nota explicativa, sempre que necessário foram consultados especialistas das áreas afetas ao tema, como historiadores e linguistas.

A FEB reitera, com esse procedimento, seu respeito às fontes originais e ao fenômeno mediúnico de excelência que foi sempre a marca registrada do inesquecível médium Francisco Cândido Xavier.

FEB EDITORA

Brasília (DF), 2 de setembro de 2022.

Opinião Espírita

CHICO XAVIER e
WALDO VIEIRA

Pelos Espíritos

EMMANUEL e
ANDRÉ LUIZ

Opinião Espírita

Copyright © 2022 by
FEDERAÇÃO ESPÍRITA BRASILEIRA - FEB

Direitos licenciados pela Comunhão Espírita Cristã à Federação Espírita Brasileira
COMUNHÃO ESPÍRITA CRISTÃ – CEC
Rua Professor Eurípedes Barsanulfo, 157/185 – Parque das Américas
CEP 38045-040 – Uberaba (MG) – Brasil

1ª edição – 1ª impressão – 3 mil exemplares – 8/2023

ISBN 978-65-5570-573-7

Esta obra foi revisada com base no texto da primeira edição de 1963.

Todos os direitos reservados. Nenhuma parte desta publicação pode ser reproduzida, armazenada ou transmitida, total ou parcialmente, por quaisquer métodos ou processos, sem autorização do detentor do *copyright*.

FEDERAÇÃO ESPÍRITA BRASILEIRA
SGAN 603 – Conjunto F – Avenida L2 Norte
70830-106 – Brasília (DF) – Brasil
www.febeditora.com.br
editorial@febnet.org.br
+55 61 2101 6161

Pedidos de livros à FEB
Comercial
Tel.: (61) 2101 6161 – comercial@febnet.org.br

FSC
www.fsc.org
MISTO
Papel produzido a partir de fontes responsáveis
FSC® C112836

Dados Internacionais de Catalogação na Publicação (CIP)
(Federação Espírita Brasileira - Biblioteca de Obras Raras)

E54o   Emmanuel (Espírito)
         Opinião espírita / pelos Espíritos Emmanuel e André Luiz; [psicografado por] Francisco Cândido Xavier e Waldo Vieira. - 1. ed. - 1. imp. - Brasília: FEB; Uberaba: CEC, 2023.

         248 p.: 23cm

         Inclui índice geral

         ISBN 978-65-5570-573-7

         1. Espiritismo. 2. Obras psicografadas. I. Luiz, André (Espírito). II. Xavier, Francisco Cândido, 1910–2002. III. Vieira, Waldo, 1932-2015. IV. Federação Espírita Brasileira. V. Título.

CDD 133.93
CDU 133.7
CDE 80.03.00

SUMÁRIO

Opinião espírita – Emmanuel 13

Espiritismo nas opiniões – André Luiz 15

1 | Examinemos a nós mesmos 17

2 | O Mestre e o apóstolo 21

3 | Traço espírita 25

4 | Jesus, Kardec e nós 27

5 | Economia espírita 29

6 | Facho libertador 33

7 | O espírita deve ser 37

8 | Ante os grandes irmãos 39

9 | Estar com tudo 43

10 | Instrução espírita 47

11 | Ante o próximo mais próximo 51

12 | Aplicação espírita 55

13 | Autocrítica 59

14 | Espíritas no Evangelho 63

15 | Ao médium doutrinador 67

16 | Ao companheiro espírita 71

17 | Ao médium consciente 75

18 | Prece e obsessão 79

19 | O espírito do Espiritismo.......................... 83

20 | Mediunidade a desenvolver 87

21 | Na conduta do Cristo 91

22 | Função mediúnica 95

23 | Segundo o Espiritismo........................... 99

24 | Proteção da Vida Superior 101

25 | Práticas estranhas 105

26 | Diretriz evangélica.............................. 109

27 | Decisão 113

28 | Benevolência....................................117

29 | Vinte modos 119

30 | Caridade e raciocínio............................121

31 | Fenômenos e nós 125

32 | Tolerância e coerência.......................... 129

33 | Santidade de superfície 133

34 | Equilíbrio sempre 137

35 | Saber viver 141

36 | Necessitados difíceis 145

37 | Divulgação espírita............................. 149

38 | Saber ouvir 153

39 | Reformas de metade 157

40 | Felizes e infelizes 161

41 | Medo e mediunidade 163

42 | Semeia, semeia!.................................167

43 | Enganos ante os Espíritos......................169

44 | Cilício e vida.................................173

45 | *O livro dos médiuns*..........................175

46 | Na trilha da caridade..........................179

47 | Mediunidade e mistificação.....................183

48 | Na luz do trabalho............................187

49 | Testamento natural............................191

50 | Quando sofreres...............................195

51 | Privações do corpo e provações da alma.........199

52 | Tempo da Regra Áurea..........................203

53 | Natural e inevitável..........................205

54 | Embaixadores Divinos..........................209

55 | O passe......................................213

56 | Amor onipotente...............................215

57 | Escala do tempo...............................219

58 | Fé em Deus....................................223

59 | No silêncio da prece..........................227

60 | Evangelho e Espiritismo.......................231

Índice Geral......................................235

OPINIÃO ESPÍRITA

OPINIÃO ESPÍRITA

Asseverou o Cristo: Não vim destruir a lei, porém, cumpri-la.

Isso, entretanto, não lhe tolheu a disposição de exumar o pensamento de Moisés e dos Profetas dos arquivos que o tempo lhe expôs à consideração, estruturando os princípios e plasmando os exemplos com que rearticulou estatutos e instruções.

O Espiritismo pela voz de Allan Kardec igualmente afirmou:

Não venho destruir a lei cristã, mas dar-lhe execução.

Isso, porém, não impediu que o Codificador desentranhasse o ensinamento de Jesus e dos evangelistas das fórmulas que os séculos lhe submeteram a exame clareando as recomendações e definindo as normas, com que traçou a orientação espírita, desenvolvendo lições e constituindo diretrizes.

O Cristo não incomodou a quantos quisessem manter a própria vinculação ao Judaísmo, sem, contudo, adiar os ensinamentos do Evangelho.

Allan Kardec respeitou quantos se mostravam fiéis aos juízos teológicos do passado, mas não atrasou a mensagem renovadora do Espiritismo.

Oferecendo aos leitores amigos as páginas deste livro[1], esclarecemos, portanto, que nós, os espíritas encarnados e desencarnados, acatamos cultos e preconceitos, conceituações e interpretações dos outros, venham de onde vierem, como não pode deixar de ser, mas, nisso ou naquilo, possuímos opinião própria que não podemos esquecer, nem desprezar.

EMMANUEL

Uberaba (MG), 2 de julho de 1963.
(Página recebida pelo médium Francisco Cândido Xavier.)

---

[1] N.E.: Pelos médiuns Francisco Cândido Xavier e Waldo Vieira, Emmanuel e André Luiz, abnegados benfeitores espirituais, formaram os capítulos deste volume, responsabilizando-se o primeiro pelas mensagens de números pares e o segundo pelas de números ímpares, mensagens essas que foram psicografadas por ambos os médiuns, em reuniões públicas. Cabe-nos salientar ainda que os autores espirituais subordinaram todos os estudos a questões relacionadas ao Pentateuco Kardequiano: *O livro dos espíritos, O evangelho segundo o espiritismo, O livro dos médiuns, O céu e o inferno* e *A gênese.*

ESPIRITISMO NAS OPINIÕES

Quanto mais se agiganta a evolução na Terra, mais amplos se fazem os órgãos informativos.

Em todos os lugares, autoridades pesquisam, confrontam, observam, conjeturam e, no fundo, é sempre o esclarecimento que surge, através da síntese, auxiliando o homem a escolher caminhos e selecionar atitudes.

Serviços, ajustes, descobertas, fenômenos e técnicas, nos mais remotos setores do planeta, pela força do livro e da escola, da imprensa e do rádio, da televisão e do cinema, entram nas interpretações da propaganda, sugerindo preceitos ou traçando soluções.

Justa, dessa forma, a iniciativa de trazer a Doutrina Espírita à concorrência honesta das normas que as religiões e as filosofias apresentam às criaturas, no sentido de lhes facilitar a existência.

Os espíritas, em todos os quadrantes da atividade terrestre, podem e devem esculpir, sobretudo, nas próprias ações, o conceito espírita que lhes dirige as convicções.

Certo, não temos receitas de felicidade ilusória para dar e nem sabemos rebaixar o céu ao nível do chão, mas dispomos dos recursos precisos à construção da felicidade e do céu, no reino interior pelo trabalho e pelo estudo, no autoaperfeiçoamento.

Aos que se mostrem decididos à realização espírita pelos testemunhos de Espiritismo realizado, convidamos à meditação no ensinamento libertador de Allan Kardec, sob a inspiração do Cristo, a fim de que possamos edificar a influência espírita, nos mecanismos do progresso e da cultura, não só para que o Espiritismo palpite, vibrante, no parque de opiniões da vida moderna, mas também para que as opiniões do Espiritismo sejam lidas em nós.

ANDRÉ LUIZ

Uberaba (MG), 2 de julho de 1963.
(Página recebida pelo médium Waldo Vieira.)

Capítulo 1

EXAMINEMOS A NÓS MESMOS

O livro dos espíritos — Questão 919

O DEVER DO ESPÍRITA-CRISTÃO É TORNAR-SE PROGRESsivamente melhor.

Útil, assim, verificar, de quando em quando, com rigoroso exame pessoal, a nossa verdadeira situação íntima.

Espírita que não progride durante três anos sucessivos permanece estacionário.

Testa a paciência própria: — Estás mais calmo, afável e compreensivo?

Inquire as tuas relações na experiência doméstica: — Conquistaste mais alto clima de paz dentro de casa?

Investiga as atividades que te competem no templo doutrinário: — Colaboras com mais euforia na seara do Senhor?

Observa-te nas manifestações perante os amigos: — Trazes o Evangelho mais vivo nas atitudes?

Reflete em tua capacidade de sacrifício: — Notas em ti mesmo mais ampla disposição de servir voluntariamente?

Pesquisa o próprio desapego: — Andas um pouco mais livre do anseio de influência e de posses terrestres?

Usas mais intensamente os pronomes "nós", "nosso" e "nossa" e menos os determinativos "eu", "meu" e "minha"?

Teus instantes de tristeza ou de cólera surda, às vezes tão conhecidos somente por ti, estão presentemente mais raros?

Diminuíram-te os pequenos remorsos ocultos no recesso da alma?

Dissipaste antigos desafetos e aversões?

Superaste os lapsos crônicos de desatenção e negligência?

Estudas mais profundamente a Doutrina que professas?

Entendes melhor a função da dor?

Ainda cultivas alguma discreta desavença?

Auxilias aos necessitados com mais abnegação?

Tens orado realmente?

Teus ideais evoluíram?

Tua fé raciocinada consolidou-se com mais segurança?

Tens o verbo mais indulgente, os braços mais ativos e as mãos mais abençoadoras?

Evangelho é alegria no coração: — Estás, de fato, mais alegre e feliz intimamente, nestes três últimos anos?

Tudo caminha! Tudo evolui! Confiramos o nosso rendimento individual com o Cristo!

Sopesa a existência hoje, espontaneamente, em regime de paz, para que te não vejas na obrigação de sopesá-la amanhã sob o impacto da dor.

Não te iludas! Um dia que se foi é mais uma cota de responsabilidade, mais um passo rumo à Vida Espiritual, mais uma oportunidade valorizada ou perdida.

Interroga a consciência quanto à utilidade que vens dando ao tempo, à saúde e aos ensejos de fazer o bem que desfrutas na vida diária.

Faze isso agora, enquanto te vales do corpo humano, com a possibilidade de reconsiderar diretrizes e desfazer enganos facilmente, pois, quando passares para o lado de cá, muita vez, já será mais difícil...

Capítulo 2

O MESTRE E O APÓSTOLO

O evangelho segundo o espiritismo
Cap. 1 — Item 7

LUMINOSA, A COERÊNCIA ENTRE O CRISTO E O APÓSTOLO que lhe restaurou a palavra.

Jesus, o Mestre.

Kardec, o Professor.

Jesus refere-se a Deus, junto da fé sem obras.

Kardec fala de Deus, rente às obras sem fé.

Jesus é combatido, desde a primeira hora do Evangelho, pelos que se acomodam na sombra.

Kardec é impugnado desde o primeiro dia do Espiritismo, pelos que fogem da luz.

Jesus caminha sem convenções.

Kardec age sem preconceitos.

Jesus exige coragem de atitudes.

Kardec reclama independência mental.

Jesus convida ao amor.

Kardec impele à caridade.

Jesus consola a multidão.

Kardec esclarece o povo.

Jesus acorda o sentimento.

Kardec desperta a razão.

Jesus constrói.

Kardec consolida.

Jesus revela.

Kardec descortina.

Jesus propõe.

Kardec expõe.

Jesus lança as bases do Cristianismo, entre fenômenos mediúnicos.

Kardec recebe os princípios da Doutrina Espírita, através da mediunidade.

Jesus afirma que é preciso nascer de novo.

Kardec explica a reencarnação.

Jesus reporta-se a outras moradas.

Kardec menciona outros mundos.

Jesus espera que a verdade emancipe os homens; ensina que a justiça atribui a cada um pelas próprias obras e anuncia que o Criador será adorado, na Terra, em espírito.

Kardec esculpe na consciência as leis do Universo.

Em suma, diante do acesso aos mais altos valores da vida, Jesus e Kardec estão perfeitamente conjugados pela Sabedoria Divina.

Jesus, a porta.

Kardec, a chave.

TRAÇO
ESPÍRITA

Capítulo 3

TRAÇO ESPÍRITA

O evangelho segundo o espiritismo
Cap. 17 — Item 7

O COMPANHEIRO, CONTADO NA ESTATÍSTICA DA NOVA Revelação, não pode viver de modo diferente dos outros, no entanto, é convidado pela consciência a imprimir o traço de sua convicção espírita em cada atitude.

Trabalha — não ao jeito de pião consciente enrolado ao cordel da ambição desregrada, aniquilando-se sem qualquer proveito. Age construindo.

Ganha — não para reter o dinheiro ou os recursos da vida na geladeira da usura. Possui auxiliando.

Estuda — não para converter a personalidade num cabide de condecorações acadêmicas sem valor para a Humanidade. Aprende servindo.

Prega — não para premiar-se em torneios de oratória e eloquência, transfigurando a tribuna em altar de suposto endeusamento. Fala edificando.

Administra — não para ostentar-se nas galerias do poder, sem aderir à responsabilidade que lhe pesa nos ombros. Dirige obedecendo.

Instrui — não para transformar os aprendizes em carneiros destinados à tosquia constante, na garantia de propinas sociais e econômicas. Ensina exemplificando.

Redige — não para exibir a pompa do dicionário ou render homenagens às extravagâncias de escritores que fazem da literatura complicado pedestal para o incenso a si mesmos. Escreve enobrecendo.

Cultiva a fé — não com o intento pretensioso de escalar o céu teológico pelo êxtase inoperante, na falsa ideia de que Deus se compara a tirano amoroso, feito de caprichos e privilégios. Crê realizando.

O espírita vive como vivem os outros, mas em todas as manifestações da existência é chamado a servir aos outros, através da atitude.

Capítulo 4

JESUS, KARDEC E NÓS

O evangelho segundo o espiritismo
Cap. 17 — Item 8

SE JESUS CONSIDERASSE A SI MESMO PURO DEMAIS, A ponto de não tolerar o contato das fraquezas humanas; se acreditasse que tudo deve correr por conta de Deus; se nos admitisse irremediavelmente perdidos na rebeldia e na delinquência; se condicionasse o desempenho do seu apostolado ao apoio dos homens mais cultos; se aguardasse encosto dinheiroso e valimento político a fim de realizar a sua obra ou se recuasse, diante do sacrifício, decerto não conheceríamos a luz do Evangelho, que nos descerra o caminho à emancipação espiritual.

***

Se Allan Kardec superestimasse a elevada posição que lhe era devida na aristocracia da inteligência, colocando honras e títulos merecidos, acima das próprias convicções; se permanecesse na expectativa da adesão de personalidades ilustres à mensagem de que se fazia portador; se esperasse cobertura financeira para atirar-se à tarefa; se avaliasse as suas dificuldades de educador, com escasso tempo para esposar compromissos diferentes do magistério ou se retrocedesse, perante as calúnias e injúrias que lhe inçaram a estrada, não teríamos a codificação da Doutrina Espírita, que complementa o Evangelho, integrando-nos na responsabilidade de viver.

* * *

Refletindo em Jesus e Kardec, ficamos sem compreender a nossa inconsequência, quando nos declaramos demasiadamente virtuosos, ocupados, instruídos, tímidos, incapazes ou desiludidos para atender às obrigações que nos cabem na Doutrina Espírita. Isso porque se eles — o Mestre e o Apóstolo da renovação humana — passaram entre os homens, sofrendo dilacerações e exemplificando o bem, por amor à verdade, quando nós, consciências endividadas, fugimos de aprender e servir, em proveito próprio, indiscutivelmente, estaremos sem perceber, sob a hipnose da obsessão oculta, carregando equilíbrio por fora e loucura por dentro.

Capítulo 5

ECONOMIA ESPÍRITA

O evangelho segundo o espiritismo
Cap. 13 — Item 11

O ESPIRITISMO ABRANGE COM A SUA INFLUÊNCIA REgenerativa e edificante não apenas a individualidade, mas também todos os círculos de atividade em que a pessoa respire. É assim que o Espiritismo na economia valoriza os mínimos recursos, conferindo-lhes especial significação.

Vejamos o comportamento do espírita, diante dos valores considerados de pouca monta:

Livro respeitável — Não o entregará à fome do cupim. Diligenciará transferi-lo a companheiros que lhe aproveitem a leitura.

Jornal espírita lido — Não alimentará com ele o monte de lixo. Respeitar-lhe-á o valor fazendo-o circular, notadamente, entre os irmãos entregues à faina rural ou em núcleos distantes ou ainda entre reclusos em hospitais e penitenciárias, sem maiores facilidades para o acesso ao conhecimento doutrinário.

Publicações de qualquer natureza — Não fará com elas fogueiras sem propósito. Saberá empacotá-las, entregando-as aos necessitados que muitas vezes conquistam o pão catando papéis velhos.

Objetos disponíveis — Não fará dos pertences sem uso, elogio à inutilidade. Encontrará meios de movimentá-los, sem exibição de virtude, em auxílio dos irmãos a que possam prestar serviço.

Móvel desnecessário — Não guardará os trastes caseiros em locais de despejo. Saberá encaminhá-los em bases de fraternidade para recintos domésticos menos favorecidos, melhorando as condições do conforto geral.

Roupa fora de serventia — Não cultivará pastagem para as traças. Achará meios de situar com gentileza todos os petrechos de vestuário, cobertura e agasalho, em benefício de companheiros menos quinhoados por vantagens materiais.

Sapatos aposentados — Não fará deles ninhos de insetos. Providenciar-lhes-á reforma e limpeza, passando-os, cordialmente, àqueles que não conseguem o suficiente para se calçarem.

Medicamento usado, mas útil — Não lançará fora o remédio de que não mais careça e que ainda apresenta utilidade. Cedê-lo-á aos enfermos a que se façam indicados.

Selos utilizados — Não rasgará sem considerações os selos postais já carimbados. Compreenderá que eles são valiosos ainda e ofertá-los-á a instituições beneficentes que os transformarão em socorro aos semelhantes.

Recipientes, garrafas e vidros vazios — Não levantará montes de cacos onde resida. Empregará todos os invólucros e frascos, sem aplicação imediata, na benemerência para com o próximo em luta pela própria sustentação.

Gêneros, frutos, brinquedos e enfeites sem proveito no lar — Não exaltará em casa o egoísmo ou o desperdício. Lembrar-se-á de outros redutos domésticos, onde pais doentes e fatigados, entre crianças enfraquecidas e tristes receber-lhe-ão por bênçãos de alegria as pequenas dádivas de amor, em nome da solidariedade, que é para nós todos simples obrigação.

A economia espírita não recomenda desapreço à propriedade alheia e nem endossa o esbanjamento. Seja no lar ou na casa de assistência coletiva, no campo ou no vilarejo, nas grandes cidades ou nas metrópoles, é a economia da fraternidade que usa os dons da vida sem abuso e que auxilia espontaneamente sem ideias de recolher agradecimentos ou paga de qualquer espécie, por reconhecer, diante do Cristo e dos princípios espíritas, que os outros necessitam de nós como necessitamos deles, de vez que todos somos irmãos.

Capítulo 6

FACHO LIBERTADOR

O evangelho segundo o espiritismo
Cap. 6 — Item 4

CONSOLADOR PROMETIDO POR JESUS, O ESPIRITISMO alcança o homem por mensageiro divino, estendendo-lhe as chaves da própria libertação.

***

Rompe os limites que lhe circunvalam o planeta, em forma de horizontes, e descortina-lhe a visão do Universo, povoado de mundos inumeráveis, rasgando a venda de ilusão que lhe empana a ideia da vida.

Funde as grades da incompreensão, entre as quais se acredita cobaia pensante em vale de lágrimas, e fala-lhe da justiça perfeita e da bondade incomensurável do Criador que concede oportunidades iguais a todas as criaturas, nos planos multiformes da Criação, extirpando a cegueira que lhe obscurece o entendimento e ensinando-lhe a reconhecer que deve a si mesmo o bem ou o mal, que lhe repontem da senda.

Parte as grilhetas de sombra, que lhe encerram a inteligência em falsos princípios de maldição e favor, impropriamente atribuídos à Excelsa Providência, e oferece-lhe o conhecimento de reencarnação do Espírito, em aperfeiçoamento gradativo na Terra ou em outros mundos.

Derrete as algemas de tristeza que lhe aprisionam o sentimento, na tenebrosa perspectiva de eterno adeus perante a morte, e clareia-lhe o raciocínio na consoladora luz da sobrevivência, para além da estância física.

Solucionando em cada um de nós os problemas da evolução e do ser, da dor e do destino, o Espiritismo é o facho libertador, desatando correntes de angústia, demolindo muralhas de separação, eliminando clausuras de pessimismo e abolindo cativeiros de ignorância.

Se te encontras, quanto nós, entre aqueles que tanto recebem da Nova Revelação, perguntemos a nós mesmos o que lhe damos em serviço e apoio, cooperação e amor, porque sendo o Espiritismo crédito e prestígio de Cristo entregues às nossas consciências endividadas, é natural que a conta e o rendimento que se relacionem com ele seja responsabilidade em nossas mãos.

O ESPÍRITA DEVE SER

Capítulo 7

O ESPÍRITA DEVE SER

O livro dos espíritos — Questão 843

O ESPÍRITA DEVE SER VERDADEIRO, MAS NÃO AGRESSIVO, manejando a verdade a ponto de convertê-la em tacape na pele dos semelhantes.

Bom, mas não displicente que chegue a favorecer a força do mal, sob o pretexto de cultivar a ternura.

Generoso, mas não perdulário que abrace a prodigalidade excessiva, sufocando as possibilidades de trabalho que despontam nos outros.

Doce, mas não tão doce que atinja a dúbia melifluidade, incapaz de assumir determinados compromissos na hora da decisão.

Justo, mas não implacável, em nome da justiça, impedindo a recuperação dos que caem e sofrem.

Claro, mas não desabrido, dando a ideia de eleger-se em fiscal de consciências alheias.

Franco, mas não insolente, ferindo os outros.

Paciente, mas não irresponsável, adotando negligência em nome da gentileza.

Tolerante, mas não indiferente, aplaudindo o erro deliberado em benefício da sombra.

Calmo, mas não tão sossegado, que se afogue em preguiça.

Confiante, mas não fanático, que se abstenha do raciocínio.

Persistente, mas não teimoso, viciando-se em rebelar-se.

Diligente, mas não precipitado, destruindo a si próprio.

"Conhece-te a ti mesmo" — diz a filosofia, e para conhecer a nós mesmos, é necessário escolher atitude e posição de equilíbrio, seja na emotividade ou no pensamento, na palavra ou na ação, porque, efetivamente, o equilíbrio nunca é demais.

Capítulo 8

ANTE OS GRANDES IRMÃOS

O céu e o inferno — 1ª Parte

Cap. 3 — Item 12

MÉDIUNS!

Ainda que a trilha se vos abra na sarça de fogo, purificai o pensamento, a fim de refletirdes, no mundo, a mensagem celeste!...

Todas as realizações respeitáveis da Terra nascem no trabalho dos que se humilham para servir.

Não admitais, entretanto, que os obreiros do progresso recebam exclusivamente de Deus o quinhão das lágrimas, porque nenhum deles se esfalfa, sem que a dor se lhes transfigure no espírito em cântico jubiloso... É que, em meio aos golpes que lhes ultrajam a carne e a alma, sentem-se apoiados pelos Grandes Irmãos!...

***

Os Espíritos sublimados, que atingiram a alegria suprema do amor sem nome, trazem-vos hoje à edificação do reino de paz e felicidade das promessas do Cristo.

Nem sempre sereis o pano alvo das legendas desfraldadas. Surgireis, muitas vezes, na condição da pedra colada ao limo do solo para que as paredes se levantem. Outros conduzirão dísticos preciosos, enquanto que, em muitas circunstâncias, se vos reservará o papel do cimento oculto, garantindo a estrutura dos edifícios!...

Lembrai-vos, porém, dos representantes da Glória Inefável que asseguram a harmonia do mundo, sem jamais esperarem por aplausos terrestres.

***

Quando não estiverdes à altura das interrogações humanas, não vos sintais diminuídos, se o alheio sarcasmo vos impele à desilusão!

O jequitibá vigoroso foi ramo tenro e muitos sábios da Terra, conquanto se riam dos céus, obrigam-se a comer o pão que os vermes acalentaram, quando a semente descansava no berço escuro.

Aos que vos peçam maravilhas, oferecei o prodígio do coração renovado e humilde, em que o Amparo divino se manifeste.

* * *

Se os vossos deveres estão cumpridos, não vos preocupeis por vós, porque a claridade fala da lâmpada que se extingue para varrer as sombras. Postos no mundo para alimentar as verdades do espírito, tendes o formoso e obscuro destino das árvores, que produzem abastança, entre as varas e os repelões dos que lhes arrebatam os frutos, mas os vossos cultivadores não possuem campos na Terra... Moram na gleba estrelada do Infinito, de onde volvem, abnegados, ao domicílio dos homens, para integrar-lhes o espírito na posse da herança imarcescível de imortalidade, que o Pai Supremo lhes destina, no erário do Universo!...

* * *

Regozijai-vos porque os mensageiros da Eterna Alegria vos aceitam a migalha de sofrimento por tijolo de luz na construção divina!

Eles que estiveram com todos os apóstolos do passado, sustentam-vos, hoje, as energias, para que a Terra de amanhã surja melhor!... Clareiam-vos a palavra, para que os desalentados se reanimem, balsamizam-vos os dedos para que os enfermos se refaçam... São eles a inspiração que vos move a pena, a oração que vos tonifica!... Curai, atribuindo-lhes a virtude; estendei o bem, restituindo-lhes o poder; consolai, conferindo-lhes o mérito; esclarecei, creditando-lhes a lição!...

Confiai e auxiliai, porque os Grandes Irmãos estão convosco e para que estejais invariavelmente unidos a todos eles, basta seguirdes adiante, esquecendo a vós mesmos, no serviço ao próximo, carregando a consciência tranquila na sinceridade do coração!...

Capítulo 9

ESTAR COM TUDO

O livro dos espíritos — Questão 886

FREQUENTE ENCONTRARMOS COMPANHEIROS DE EXcelente formação moral convictos de que atender à caridade será aceitar tudo e que a paciência deve tudo aguentar.

A evolução, no entanto, para crescer, exige muito mais a supressão que a conservação.

Em nenhum setor da existência o progresso e a cultura se compadecem com o "estar com tudo".

A caridade da vida é aperfeiçoamento.

A paciência da Natureza é seleção.

Todas as disciplinas que acrisolam a alma cortam impulsos, hábitos, preferências e atitudes impróprias à dignidade espiritual.

Todos os seres existentes na Terra se aprimoram à medida que o tempo lhes subtrai as imperfeições.

Na experiência cotidiana, os exemplos são ainda mais flagrantes.

Compra-se de tudo para a alimentação no instituto familiar, mas não se aproveita indiscriminadamente o que se adquire.

O corpo, a serviço do Espírito encarnado, às vezes se nutre com tudo, mas nunca retém tudo. Expulsa mecanicamente o que não serve.

No plano da alma, a lógica não é diferente. Podemos ver, ouvir e aprender tudo, mas se é aconselhável destacar a boa parte de cada coisa, não é compreensível concordar com tudo.

Necessário ver, ouvir e aprender com discernimento. Imprescindível observar um companheiro mentalmente desequilibrado com caridade e paciência, mas em nome da caridade e da paciência não se lhe deve assimilar a loucura.

Devemos tratar com benevolência e brandura quantos não pensem por nossa cabeça, entretanto, a pretexto de lhes ser agradáveis não se lhes abraçará os preconceitos, enganos, inexatidões ou impropriedades.

A Doutrina Espírita está alicerçada na lógica e para sermos espíritas é impossível fugir dela.

Há que auxiliar a todos, como nos seja possível auxiliar, mas tudo analisando para que o critério nos favoreça...

Paulo de Tarso, escrevendo aos coríntios, afirmou que "a caridade tudo sofre, tudo crê, tudo espera, tudo suporta", mas não se esqueceu de recomendar aos tessalonicenses examinassem tudo, retendo o bem. Admitamos assim, com o máximo respeito ao texto evangélico que o apóstolo da gentilidade ter-se-ia feito subentender naturalmente, explicando que a caridade tudo sofre de maneira a ser útil, tudo crê para discernir, tudo espera de modo a realizar o melhor e tudo suporta a fim de aprender, mas não para estar em tudo e tudo aprovar.

INSTRUÇÃO
ESPÍRITA

Capítulo 10

INSTRUÇÃO ESPÍRITA

O livro dos espíritos — Questão 799

ESCOLA BENEMÉRITA, O TEMPLO ESPÍRITA É UM LAR DE luz, aberto à instrução geral para o entendimento das leis que regem os fenômenos da evolução e do destino.

Cada irmão de ideal, entre as paredes que lhe demarcam o recinto, quando se pronuncia no grau do conhecimento que já conquistou, é comparável ao professor que fala da cátedra que lhe pertence para a edificação dos alunos.

E não se diga que um instituto terrestre de ensino usual, onde sejam pagas as explicações professadas em aula, seja mais importante.

***

A Matemática é instrumento inseparável da Ciência para que se meça a propriedade das grandezas, mas, sem a educação do caráter, é passível de transformar-se em delírio de cálculos para a destruição.

A Linguística descerra a estrutura dos idiomas, no entanto, sem espírito de fraternidade, o poliglota mais hábil pode não passar de um dicionário pensante.

A Psicologia investiga as ocorrências da vida mental, a desdobrar-se nos meandros da análise psíquica, entretanto, sem o estudo da reencarnação, reduz-se a frio holofote que desvenda males e chagas sem oferecer-lhes consolo.

A História esclarece o passado, todavia, não guarda o objetivo de consertar a história presente de quantos lhe acolhem apontamentos e informações.

Um título acadêmico atribui honrosa competência cerebral, contudo, apesar de todos os roteiros da deontologia, não determina, de modo positivo, em renovações do sentimento.

Amemos no templo espírita a escola das diretrizes que nos orientem escolha e conduta.

Dentro dele, abramos a alma com sinceridade aos que nos escutam e ouçamos com respeito os que nos dirigem a palavra, permutando experiências que nos corrijam as preferências e as atitudes.

O Evangelho, que consubstancia as mais altas normas para a sublimação do Espírito, acima de todas as técnicas que aformoseiam a inteligência, não nasceu nem de ritos, nem de imposições, nem de etiquetas e nem de culto externo.

A maior mensagem descida dos Céus à Terra, para dignificar a vida e iluminar o coração, surgiu das palavras inesquecíveis de Jesus que procurava o povo e do povo que procurava Jesus.

ANTE O PRÓXIMO MAIS PRÓXIMO

CAPÍTULO 11

ANTE O PRÓXIMO MAIS PRÓXIMO

O livro dos espíritos — Questão 918

Aconselha, mas esquece o sarcasmo. Se a ironia carreia fugaz bom-humor, gera duradouro ressentimento...

Indaga, mas controla a própria curiosidade. Há venenos de que basta apenas o cheiro para empeçonhar quem os aspira...

Trabalha, mas não se incomode à sombra do anonimato. As raízes que sustentam as grandes árvores são vivas e poderosas na obscuridade do chão...

Prega, mas governa a própria língua. As pedras não se levantam e nem se arremessam por si mesmas...

Coopera, mas foge à crítica. Quem usa vergastas de lama acaba lambuzado por ela...

Chora, mas estuda a razão das próprias lágrimas. Há muito pranto formado pelos quistos da malquerença ao calor da discórdia...

Sê enérgico, mas brando ao mesmo tempo. Tanto a seca quanto a enchente trazem prejuízo e destruição...

Sofre, mas espera e confia. As provações, à maneira das nuvens, são nômades no caminho...

Busca orientação, mas poupa o benfeitor espiritual. O amigo encarnado ou desencarnado não é ponto a cochichar-te o dever diuturno, nas representações que te cabem no teatro da vida...

Ajuda, mas indistintamente. Os seguidores do Excelso Mestre são todos irmãos na consanguinidade sublime do amor...

***

Ante o próximo mais próximo, sintamo-nos sob as bênçãos do Criador, na certeza de que todas as criaturas existem e crescem interligadas no abraço universal da fraternidade.

No serviço desinteressado e espontâneo, movamos a trolha da fé viva e operante, elevando o prumo do discernimento e assentando o nível do bom ânimo para construir as obras do bem.

Para a frente e para o alto!

Rompendo as ondas adversas, no roldão dos vendavais, que a nossa agulha de marear tenha sempre por mira o porto da caridade.

Partamos da semente à seara, através das folhas da esperança e das flores do trabalho para atingir os frutos opimos da evolução que o Senhor espera de nós.

Demandemos a vanguarda com os lábios borbulhantes de compreensão e alegria, entoando o hino triunfal da bondade constante, trazendo à memória a palavra de Jesus nas páginas contagiosas do Evangelho:

— "Vinde a mim, benditos de meu Pai, porque tive fome e me destes de comer; tive sede e me saciastes; estive nu e me vestistes; estive enfermo e prisioneiro e me visitastes".

Somente assim atenderemos ao divino chamado, comparecendo diante do Cristo para repetir com os servos fiéis:

— "Senhor, eis-nos aqui! Faça-se em nós, segundo a tua vontade."

APLICAÇÃO
ESPÍRITA

Capítulo 12

APLICAÇÃO ESPÍRITA

O evangelho segundo o espiritismo
Cap. 1 — Item 5

TUDO AQUILO QUE PODEMOS NOMEAR, COMO SENDO A grandeza da civilização, é conjunto de planos experimentados.

Educação, ciência, economia e indústria demonstram isso.

Diretrizes modernas do ensino nasceram no pensamento de orientadores que alentam a instrução na Terra; substancializadas pelos professores que lhes hipotecaram confiança, patrocinam agora a generalização da cultura.

Antibióticos eram projetos estanques nas cogitações das autoridades que se dedicam à saúde humana; fabricados pelos cientistas que lhes conferiram o crédito necessário, são hoje o amparo à existência de milhões de pessoas.

Aproveitamento de áreas desérticas foi simples ideia na cabeça de estudiosos, preocupados em melhorar as condições do povo; utilizada pelos técnicos que lhe consagraram atenção, aumentou recursos e provisões, em benefício da Humanidade.

O automóvel, a princípio, reduzia-se a esboços traçados pelas inteligências, interessadas na solução ao problema das distâncias no mundo; executados por obreiros do progresso que lhes empenharam a própria ação, transfiguraram-se na máquina que atualmente promove a aproximação dos homens, em todas as direções.

***

Avaliam-se motores.

Praticam-se esportes.

Ensaiam-se bailados.

Testam-se receitas culinárias.

Experimenta-se a qualidade do sabão, aconselhado no programa radiofônico.

***

A Doutrina Espírita é código de princípios trazidos ao mundo pelos mensageiros do Cristo, objetivando a restauração do Evangelho, cuja vivência, no campo das atividades terrestres, o próprio Cristo demonstrou claramente possível.

Cabe, assim, a nós, os discípulos e seguidores da Nova Revelação — o dever de não interromper-lhe a marcha, no enlevo improdutivo, diante dos fenômenos, e nem paralisar-lhe a força edificante nas conjecturas estéreis, reconhecendo que compete a nós todos a obrigação de incorporá-la à nossa própria vida, de modo a provar que o Espiritismo é a religião natural da verdade e do bem, que renova e funciona.

AUTOCRÍTICA

Capítulo 13

AUTOCRÍTICA

O evangelho segundo o espiritismo
Cap. 17 — Item 3

O MILAGRE É INVENÇÃO DA GRAMÁTICA PARA EFEITO linguístico, pois na realidade somos arquitetos do próprio destino.

Se algum erro de cálculo existe na construção de nossas existências, o culpado somos nós mesmos.

Todos caminhamos suscetíveis de errar, todos já erramos bastante e todos ainda erraremos necessariamente para aprender a acertar; contudo, nenhum de nós deve persistir no erro, porquanto incorreríamos na abolição do raciocínio que nos constitui a maior conquista espiritual.

No reconhecimento da falibilidade que nos caracteriza, se não é lícito reprovar a ninguém, não será justo cultivar a indulgência para conosco; e se nos cabe perdoar incondicionalmente aos outros, não se deve adiar a severidade para com as próprias faltas.

Portanto, para acertar, não devemos fugir ao "conhece-te a ti mesmo", que principia na intimidade da alma, com o esforço da vigilância interior.

Esse trabalho analítico de dentro e para dentro nasce da humildade e da intenção de acertar com o bem, demonstrando para nós próprios o exato valor de nossas possibilidades em qualquer manifestação.

Autocrítica sim e sempre...

Podão da sensatez — apara os supérfluos da fantasia.

Balança do comportamento — sopesa todos os nossos atos.

Lima da verdade — dissipa a ilusão.

Metro moral — define o tamanho de nosso discernimento.

Espelho da consciência — reflete a fisionomia da alma.

Em todas as expressões pessoais, é possível errarmos para mais ou para menos.

Quem não avança na estrada do equilíbrio, que somente a autocrítica delimita com segurança, resvala facilmente na impropriedade ou no excesso, perdendo a linha das proporções.

Com a autocrítica, lisonja e censura, elogio e sarcasmo deixam de ser perigos destruidores, de vez que a mente provida de semelhante luz, acolhe-se ao bom senso e à conformidade, evitando a audácia exagerada de quem tenta galgar as nuvens sem asas e o receio enfermiço de quem não dá um passo, temendo anular-se, ao mesmo tempo que amplia as correntes de cooperação e simpatia, em derredor de si mesma, por usar os recursos de que dispõe na medida certa do bem, sob a qual, a compaixão não piora o necessitado e a caridade não humilha quem sofre.

Sê fiscal de ti mesmo para que não te levantes por verdugo dos outros e, reparando os próprios atos, vive hoje a posição do juiz de ti próprio, a fim de que amanhã, não amargues a tortura do réu.

ESPÍRITAS NO EVANGELHO

Capítulo 14

ESPÍRITAS NO EVANGELHO

O evangelho segundo o espiritismo

Cap. 1 — Item 5

Comenta o Evangelho, nas tarefas doutrinárias do Espiritismo, entretanto, diligencia exumar as sementes divinas da verdade, encerradas no cárcere das teologias humanas, para que produzam os frutos da vida eterna no solo da alma.

***

Exalta a glória de Cristo, mas elucida que Ele não transitou, nos caminhos humanos, usufruindo facilidades e sim atendendo aos desígnios de Deus, nas disciplinas de humilde servidor.

***

Refere-te ao céu, mas explica que o céu é o espaço infinito, em cuja vastidão milhões de mundos obedecem às leis que lhes foram traçadas, a fim de que se erijam em lares e escolas das criaturas mergulhadas na evolução.

* * *

Menciona os anjos, mas esclarece que eles não são inteligências privilegiadas no Universo e sim Espíritos que adquiriram a sabedoria e a sublimação, à custa de suor e a preço de lágrimas.

* * *

Reporta-te à redenção, mas observa que a bondade não exclui a justiça e que o Espírito culpado é constrangido ao resgate de si próprio, através da reencarnação, tantas vezes quantas sejam necessárias, porquanto, à frente da Lei, cada consciência deve a si mesma a sombra da derrota ou o clarão do triunfo.

* * *

Cita profetas e profecias, fenômenos e influências, mas analisa os temas da mediunidade, auxiliando o entendimento comum, no intercâmbio entre encarnados e desencarnados, e ofertando adequados remédios aos problemas da obsessão.

* * *

Salienta os benefícios da fé, mas demonstra que a oração sem as boas obras assemelha-se à dolosa atitude nos negócios da alma, de vez que se a prece nos clareia o lugar de trabalho, é preciso apagar o mal para que o mal nos esqueça e fazer o bem para que o bem nos procure.

* * *

Define a excelência da virtude, mas informa que o crédito moral não é obtido em deserção da luta que nos cabe travar com as tentações acalentadas por nós mesmos, a fim de que a nossa confiança nas Esferas Superiores não seja pura ingenuidade, a distância da experiência.

Expõe o Evangelho, mas não faças dele instrumento de hipnose destrutiva das energias espirituais daqueles que te escutem.

Mostra que Jesus não lhe plasmou a grandeza operando sem amor e sem dor, e nem distraias a atenção dos semelhantes, encobrindo-lhes a responsabilidade de pensar e servir, que a Boa-Nova nos traça a todos, de maneira indistinta. O Espiritismo te apoia o raciocínio para que lhe reveles a luz criadora e a alegria contagiante, auxiliando-te a despertar os ouvintes da verdade na compreensão do sofrimento e na felicidade do dever, nos tesouros do bem e nas vitórias da educação.

AO MÉDIUM DOUTRINADOR

Capítulo 15

AO MÉDIUM DOUTRINADOR

O livro dos médiuns — Item 182

Meu amigo.

Considera na mediunidade uma poderosa alavanca de expansão do Espiritismo, reconhecendo, porém, que a Doutrina Espírita e o serviço mediúnico são essencialmente distintos entre si.

Todos os encarnados são médiuns e antigos devedores uns dos outros.

***

Nunca destaques um gênero de mediunidade como sendo mais valioso que outro, sabendo, no entanto, que o exercício mediúnico exige especialização para produzir mais e melhores frutos a benefício de todos.

A mediunidade existe sempre como fonte de bênçãos, desde que exercida com devotamento e humildade.

* * *

No burilamento de faculdades mediúnicas, situa a feição fenomênica no justo lugar para não te distraíres com superfluidades inconsequentes.

O aspecto menos importante da mediunidade reside no próprio fenômeno.

* * *

Relaciona-te pois, com o fenômeno quando ele venha a surgir espontaneamente em tarefas ou reuniões que objetivem finalidades mais elevadas, que não o fenômeno em si, usando equilíbrio e critério na aceitação dos fatos.

A provocação de surpresas em matéria de mediunidade não raro gera a perturbação.

* * *

Jamais percas a esperança ou a paciência no trato natural com os nossos irmãos enfermos, especialmente quando médiuns sob influenciação inferior, para que se positive a assistência espiritual desejável.

Quem aguarda em serviço o socorro da Divina Providência vive na diretriz de quem procura acertar.

* * *

Mobiliza compreensão, tato e paciência para equacionar os problemas que estejam subjugando os enfermos desencarnados, elucidando-os com manifesta indulgência quanto à Realidade Maior no que tange ao fenômeno da morte, ao intercâmbio mediúnico, ao corpo espiritual e a outras questões afins.

A palavra indisciplinada traumatiza quem ouve.

* * *

Analisa com prudência as comunicações dos Espíritos sofredores, segundo a inspiração do amor e a segurança da lógica, aquilatando-lhes o valor pelas lições que propiciem inequivocamente a nós mesmos.

O bom senso é companheiro seguro da caridade.

* * *

Compenetra-te dos teus deveres sagrados, sabendo que o medianeiro honesto para consigo mesmo chega à desencarnação com a mediunidade gloriosa, enquanto que o medianeiro negligente atinge o rio da morte com a tortura de quem desertou da própria responsabilidade.

A mediunidade não se afasta de ninguém, é a criatura quem se distancia do mandato mediúnico que o Plano Superior lhe confere.

Capítulo 16

AO COMPANHEIRO ESPÍRITA

O evangelho segundo o espiritismo
Cap. 17 — Item 4

AFIRMA ALLAN KARDEC "QUE SE RECONHECE O VERDAdeiro espírita por sua transformação moral e pelos esforços que emprega para domar as tendências inferiores."

Quem se transfigura por dentro, no entanto, pensa por si e quem raciocina por si desata as amarras dos preconceitos e escala renovações, no rumo do conhecimento superior pelas vias do espírito.

É por isso que o raciocínio claro te arrancou ao ninho da sombra.

Não mais para nós o claustro nebuloso da fé petrificada em que se nos desenvolvia o entendimento, em multimilenária gestação.

Cessou para nós a nutrição mental por endosmose, no bojo dos pensamentos convencionais.

Todavia, porque te transferes incessantemente de nível, quase sempre, despertas no mais doloroso tipo de solidão — a solidão dos que trabalham no mundo, a benefício do mundo; mas desajustados no mundo, sem que o mundo os reconheça.

***

Falas — e, frequentemente, as tuas palavras voam sem eco.

Ages — e as tuas ações nobres sofrem, não raro, o menosprezo dos mais queridos.

Emancipas a própria alma — escravizando-te a deveres maiores.

Auxilias — desdenhado.

Compreendes — confundido.

Trabalhas — padecente.

Edificas — por entre lágrimas.

Consolas — e vergastam-te os sentimentos.

Cultivas o bem — e arrasam-te o campo.

Urge perceber, porém, que quantos consomem as próprias energias, na exaltação do bem, se fazem clarão, e aos que se fazem clarão as sombras não mais oferecem lugar em meio delas.

Segue, assim, trilha adiante, erguendo a luz para que as trevas não amortalhem, indefinidamente, os valores do espírito.

Se temes a extensão das dificuldades, reflete na semente, a morrer em refúgio anônimo para que a vida se garanta; mas, se o exemplo de um ser pequenino te não satisfaz, medita no ensinamento do maior e mais glorioso Espírito que já pisou caminhos terrestres. Ele também transitou, na estância dos homens, sem pouso certo. Para nascer, socorreu-se da hospitalidade dos animais; enquanto esteve diretamente no mundo, não reteve uma pedra em que resguardar a cabeça; transmitiu a sua mensagem libertadora em recintos de empréstimo e, em vista das sombras não lhe suportarem as eternas fulgurações, já que não poderiam devolvê-lo ao Céu e nem lhe desejavam a presença, junto delas, no chão, deram-se pressa em suspendê-lo na cruz, para que se extinguisse, entre um e outro. Ele, no entanto, não se agastou, de leve, e qual ocorre à semente que regressa da retorta escura a que foi relegada, convertendo abandono em pão redivivo, Jesus também, ao terceiro dia, contado sobre o desprezo extremo, voltou, em plenitude de amor, e ao transformar sacrifício em luz renascente, retomou a construção da concórdia e da fraternidade, na Terra, afirmando aos companheiros fracos e espantados:

— "A paz seja convosco."

Capítulo 17

AO MÉDIUM CONSCIENTE

O livro dos médiuns — Item 166

Se a incorporação consciente é o campo de atividade que o Senhor te confia, na prática mediúnica, encontras, em verdade, a perseverança como sendo o maior imperativo de apoio e a dúvida sem proveito, por perigo maior.

Convence-te, porém, de que o serviço paciente, a pouco e pouco, dirimirá, em definitivo, todas as tuas vacilações.

Sê persistente no dever a cumprir e dias virão, nos quais distinguirás, em ti, de forma irretorquível, a legitimidade do fenômeno através de provas simples e várias:

1. Manifestações por teu intermédio de personalidades que desconheces, identificadas por outros participantes da sessão.

2. Comunicações de familiares e amigos por tuas faculdades, ofertando-te valores irrecusáveis de identidade.

3. Ocorrências de sensação íntima na abordagem inicial desse ou daquele manifestante que, para surpresa tua, interrompe o transe, afasta-se e se comunica incontinênti por outro médium, na mesma reunião, revelando as mesmas ideias e o mesmo tom emocional que experimentavas, momentos antes.

4. Diferenciação imediata dos teus estados psicológicos antes e após a sessão, quando se verificam intercorrências de tensão e desafogo semelhantes às da atmosfera carregada de forças.

5. O teu próprio reajuste físico e moral, à medida que te consagras com pontualidade e devotamento às tarefas de cooperação com os benfeitores espirituais e de assistência aos sofredores desencarnados.

6. Elevação do teu índice de lucidez mental, depois de certo tempo de trabalho, em que se te rearticulam e alimpam as energias do espírito, pelo exercício constante do pensamento aplicado às boas obras.

7. Manifestas claras vantagens espirituais hauridas mecanicamente por parentes e companheiros, cuja autoria não podes reivindicar.

8. Reação do reconforto e regozijo dos enfermos melhorados ou recuperados que nem de longe conseguirias atribuir a ti próprio.

9. Renovação e melhoria incontestáveis dos ambientes sociais e domésticos em que transitas, indiretamente beneficiados por teu concurso à desobsessão.

10. Cobertura de confiança e alegria que fornecerás aos companheiros de equipes medianímicas diversas, por funcionares qual agente irradiante de fé renovadora e nobre estímulo no amparo geral aos seareiros do bem.

***

Analisa as tuas indagações.

Existe muita preguiça mascarada de dúvida, existindo até mesmo o médium cuja mediunidade todos reconhecem, prezam e valorizam, menos ele...

PRECE E OBSESSÃO

Capítulo 18

PRECE E OBSESSÃO

A gênese — Cap. 14 — Item 46

A Providência Divina, pelas providências humanas, sustenta o amparo indiscriminado a todas as criaturas, mas estatui a reciprocidade em todos os processos de ação pelos quais a bondade da vida se manifesta.

***

Comparemos a prece e a obsessão ao anseio de saber e ao tormento da ignorância.

O professor esclarece o discípulo, mas não lhe dispensa a aplicação direta ao ensino. E se o aluno é surdo-mudo, mesmo assim, para instruir-se, é obrigado a concentrar muitas das possibilidades da visão e da audição nas sutilezas do tato, se quer assimilar o que aprende.

Recorramos, ainda, à lição viva que surge, entre a doença e o remédio.

Administrar-se-á medicamento ao enfermo, mas não se pode eximi-lo do concurso necessário. E se o paciente não consegue ou não deve acolher os recursos precisos, através da boca, é constrangido a recebê-los por intermédio dos poros, das veias ou de outros canais do corpo.

* * *

Todo socorro essencial ao veículo físico reclama a participação do veículo físico.

Ninguém extingue a própria fome pelo esôfago alheio.

Assim, também, nas necessidades do Espírito.

Na desobsessão, a prece indica a atividade libertadora, no entanto, não exonera o interessado da obrigação de renovar-se pelo serviço e pelo estudo, a fim de que se lhe areje a casa íntima, de vez que todos aqueles que se acumpliciaram conosco, na prática do mal, em existências passadas, somente se transformam para o bem, quando nos identificam o esforço, por vezes difícil e doloroso, da nossa reeducação, na prática do bem.

* * *

Resumindo, imaginemos o irmão obsidiado, ainda lúcido, como sendo prisioneiro da própria mente, convertida então em cela escura e comparemos o socorro espiritual à lâmpada generosa.

Obsessão é o bolo pestífero transformado em caprichoso ferrolho na sombra. Oração é luz que se acende.

A claridade traça a orientação do que se tem a fazer, mas o detento é chamado a tomar a iniciativa do trabalho para libertar a si mesmo, removendo corajosamente o tenebroso foco de atração.

O ESPÍRITO DO ESPIRTISMO

Capítulo 19

O ESPÍRITO DO ESPIRITISMO

O evangelho segundo o espiritismo
Cap. 15 — Item 3

CONSCIÊNCIA INDIVIDUAL — EIS O ORÁCULO DO BOM senso ante a justiça inseduzível de Deus.

Não nos satisfaça atender simplesmente aos nossos deveres, porém, que abracemos espontaneamente a obrigação de cumpri-los com êxito.

Não descreias de tua força interior.

Não te sintas incapaz, porque tanto estás habilitado a fazer o mal quanto o bem, lembrando que a chama da vela tanto pode estar aquecendo e iluminando, quanto incendiando e destruindo...

Sobre a ênfase das palavras cativantes, avança além dos lugares-comuns em torno da beneficência, praticando-a com a precisa fidelidade a ti mesmo.

As Leis do Criador, imutáveis desde o passado sem início até o futuro sem-fim, prescrevem o clima do auxílio mútuo por ambiente ideal das almas em qualquer páramo do Universo.

Quem beneficia recebe o maior quinhão do benefício.

Todo supérfluo é retido nos laços do egoísmo ou da ignorância.

Reconheçamos que muita gente renasce de novo para passar a limpo a garatuja dos próprios atos.

Depende de cada um fazer das nuvens de provações, chuvas benfeitoras da vida ou raios destruidores de morte.

Não basta rogar sem os méritos do trabalho pessoal, porquanto ninguém transforma as mãos implorantes em gazuas para abrir as portas dos celeiros espirituais.

As lágrimas tanto conseguem exprimir orações quanto blasfêmias.

O silêncio na tarefa mais apagada surge sempre muito mais expressivo que o queixume na inutilidade brilhante.

O raciocínio descobre a vizinhança entre a fé e o entendimento e a distância entre a fé e o fanatismo.

Os homens não são fantoches do destino e sim construtores dele.

Arma-te de confiança e sai de ti mesmo, servindo às vidas, em derredor.

O amor é o coração do Evangelho e o espírito do Espiritismo chama-se caridade.

MEDIUNIDADE A DESENVOLVER

Capítulo 20

MEDIUNIDADE A DESENVOLVER

O livro dos médiuns — Item 200

MEDIUNIDADE A DESENVOLVER: TEMA CONSTANTE NAS atividades espíritas.

Para explicar, no entanto, o que vem a ser isso, enfileiremos o mínimo de palavras, recorrendo aos esclarecimentos vivos do trabalho e do estudo.

Alguém chega à oficina, pedindo emprego.

Precisa garantir a subsistência.

Obtém lugar e acolhida.

Mas se espera, durante dias e dias, que os diretores da organização lhe arrebatem a cabeça e as mãos, movimentando-as à força, para o dever que lhe cabe, sem a menor iniciativa, seja no transporte de fardo humilde ou no manejo da escova para auxiliar na limpeza, acabará sempre sob as vistas dos orientadores da obra que encontrarão motivos para agradecer-lhe a presença e conferir-lhe substituto.

Isso porque ninguém entesoura competência, através de expectativa.

* * *

Alguém chega à escola, pedindo instrução.

Precisa desvencilhar-se da ignorância.

Obtém admissão e valimento.

Mas se espera, durante meses e meses, que os professores lhe arrebatem a cabeça e as mãos, movimentando-as à força para o dever que lhe cabe, sem a menor iniciativa, seja na pontualidade às lições ou na consulta espontânea a esse ou aquele volume, a fim de se esclarecer, em matéria determinada, acabará sempre sob as vistas dos examinadores de ensino, que lhe situarão as necessidades na estaca da repetência.

Isso porque ninguém entesoura cultura por osmose.

* * *

Desenvolvimento mediúnico é igualmente assim.

Partindo da sinceridade do médium, todo aperfeiçoamento das forças espirituais deve apoiar-se no estudo que ilumina o campo da vida e no trabalho que se converte em lavoura do bem.

Raciocínio e sentimento em ação. Caridade e conhecimento.

Fora disso, estaremos reafirmando, invariavelmente, que possuímos mediunidade a desenvolver, e falamos certo, ao indicar semelhante realização para o futuro indeterminado, porque eficiência mediúnica é comparável à competência e à cultura que ninguém alcançará sem adquirir.

NA CONDUTA DE CRISTO

Capítulo 21

NA CONDUTA DE CRISTO

O livro dos espíritos — Questão 625

BASTA DESEJE E QUALQUER UM PODE COMPROVAR NOS versículos evangélicos que, nos três anos de vida messiânica, Jesus:

Em tempo algum duvidou do Pai;

Nenhuma vez operou em proveito próprio;

Não recusou a cooperação dos trabalhadores menos respeitáveis que as circunstâncias lhe ofereciam;

Jamais deixou de atender às solicitações produtivas e nem chegou a relacionar as requisições irrefletidas que lhe eram endereçadas;

Não discriminou pessoas ou recintos para prestação de auxílio;

Nada fez de inútil;

Nada usou de supérfluo;

Não fugiu de regular o ensinamento da verdade conforme a capacidade de assimilação dos ouvintes;

Nunca foi apressado;

Nada fez em troca de recompensa alguma, nem mesmo na expectativa de considerações quaisquer.

* * *

Realmente, se Jesus não fez isso, por que faremos?

Aplicada a conduta de Cristo à mediunidade, compreenderemos facilmente que se possuímos a fé raciocinada é impossível vacilar em matéria de confiança no auxílio espiritual; que tarefeiro a deslocar-se para ações de benefício próprio figura-se lâmpada que enunciasse o despropósito de acreditar-se brilhante sem o suprimento da usina; que devemos atender às petições de concurso fraterno que nos sejam encaminhadas, dentro dos nossos recursos, sem a presunção de tudo saber e fazer, quando o próprio Sol não pode substituir o trabalho de uma vela, chamada a servir no recesso da furna; que o aprendiz da sabedoria interessado em carregar inutilidades e posses estéreis lembra um pássaro que ambicionasse planar nos céus, repletando a barriga com grãos de ouro.

Na mediunidade com Cristo, principalmente, faz-se preciso reconhecer que a pressa não ajuda a ninguém, que Ele, o Mestre, nada exigiu e nada fez a toque de força, nem transformou situações ou criaturas, através de empresas milagrosas, porque todo trabalhador sem paciência assemelha-se ao cultivador dementado que arrancasse, diariamente, do seio da terra, a semente viva, nela depositada, para verificar se já germinou.

FUNÇÃO MEDIÚNICA

Capítulo 22

FUNÇÃO MEDIÚNICA

O livro dos médiuns — Item 226

Mediunidade é igual ao trabalho: acessível a todos.

Entretanto, qual ocorre ao trabalho, é forçoso que o servidor dela seja leal ao próprio dever, para que a obra alcance os fins em vista.

O mais humilde dos utensílios tem qualidades polimórficas.

Qualquer médium também é suscetível de ser mobilizado, na produção de fenômenos múltiplos, favorecendo pesquisas e observações, com algum proveito, mas se quisermos rendimento medianímico, seguro e incessante, na composição doutrinária do Espiritismo, cada tarefeiro da mediunidade, embora pronto a colaborar, seja onde for, no levantamento do bem, é convidado logicamente a consagrar-se à própria função, conquanto possua faculdades diversas, amando-a, estudando-a, desenvolvendo-a e praticando-a, no serviço ao próximo, que será sempre serviço a nós mesmos.

＊＊

Se fomos chamados a ensinar, através da palavra falada, aprimoremos a emoção e selecionemos a frase, para que os instrutores da Vida Maior nos utilizem o verbo, por agente de luz, construindo esclarecimento e consolação nos que ouvem; se designados a escrever, façamos em nós bastante silêncio interior, a fim de que a voz do Mundo Espiritual se manifeste por nossas mãos, instruindo a quem lê; se indicados ao labor curativo, sustentemos o magnetismo pessoal tão limpo quanto possível, para que os emissários celestes nos empreguem as energias no socorro aos doentes; se trazidos a cooperar na desobsessão, mantenhamos o pensamento liberto de ideias preconcebidas, a fim de que os benfeitores desencarnados nos encontrem capazes da enfermagem precisa, no amparo aos companheiros desorientados e sofredores, sem criar-lhes problemas...

＊＊

Mero ferrolho, deve estar no lugar próprio, para atender à serventia que se lhe roga dentro de casa.

Simples fio, para canalizar os préstimos da eletricidade, necessita ajustar-se à ligação correta, de modo a garantir a passagem da força.

Sobretudo, é imperioso recordar que todos podemos ser medianeiros do bem, sob a inspiração de Jesus, honorificando encargos e responsabilidades, em posição certa, no plano de construção da felicidade geral. É por isso que Ele, o Cristo de Deus, não nos disse que o maior no Reino dos Céus será quem saiba fazer tudo, mas sim aquele que se fizer o servo leal de todos.

SEGUNDO O ESPIRITISMO

Capítulo 23

SEGUNDO O ESPIRITISMO

O livro dos espíritos — Questão 628

Nossa vida reflete-se sobre todas as vidas que nos rodeiam. Acata as leis que dirigem a experiência coletiva, sem esquecer-te de que o comportamento da pessoa interessada em burilar-se, moralmente, é sempre mais observado e seguido pelos outros.

A riqueza inaproveitada cria a miséria. Aperfeiçoa a paisagem onde estejas situado, com os melhores recursos da aprendizagem humana, recordando que estás em trânsito, nessa ou naquela propriedade que a Sabedoria Divina pode fazer passar de mão em mão.

***

A existência no corpo terrestre, por mais longa, é instante breve à frente da Eternidade. Certifica-te de que os minutos não nos esperam para a consecução desse ou daquele acontecimento.

* * *

A opinião atrai, mas a conduta arrasta. Elege a bondade e a paciência, a alegria e a fé, por tuas companheiras da alma, levantando o ânimo e fortalecendo os corações que te partilhem a marcha, a fim de que a sinceridade e a pureza se façam luz na tua estrada cristã.

Do auxílio individual surge a grandeza do esforço coletivo. Busca, dentro das próprias possibilidades, os ideais e as opiniões favoráveis à melhoria das normas de trabalho nas organizações a que te filies.

* * *

O personalismo é porta sutil para a vaidade. Faze confluir para Jesus, nosso Divino Mestre, as atenções e os agradecimentos, a confiança e a reverência de todas as criaturas que mourejam nas tarefas do bem.

Capítulo 24

PROTEÇÃO DA VIDA SUPERIOR

O livro dos espíritos — Questão 491

HÁ MAIS DE UM SÉCULO, CONFORME SE DEPREENDE DA questão número 491 de *O livro dos espíritos*, inquiriu Allan Kardec dos mentores desencarnados que lhe presidiam a obra: "Qual a missão do Espírito protetor?" E o esclarecimento veio claro: "A de um pai com relação aos filhos; a de guiar o seu protegido pela senda do bem, auxiliá-lo com seus conselhos, consolá-lo nas suas aflições, levantar-lhe o ânimo nas provas da vida."

Tracemos reduzidas anotações aos cinco pontos enunciados:

***

Um pai consagra-se aos filhos, durante a existência terrestre, pavimentando-lhes o caminho com todas as facilidades que o amor lhe possibilite, entretanto, não consegue exonerá-los das tribulações, referentes às dívidas contraídas por eles, em passadas reencarnações.

* * *

Determinado educador abraçará generosamente o compromisso de orientar alguém, nas trilhas da virtude, contudo, o aprendiz traz a consciência livre para aceitar ou não as indicações que se lhe sugere.

* * *

O amigo ampara a outro amigo, administrando-lhe avisos oportunos, todavia, é provável que o beneficiário não os admita, resolvendo tomar experiências difíceis, à própria conta.

* * *

Devotado companheiro dispensar-nos-á reconforto nas aflições, mas se está consciente do respeito à justiça, não intentará suprimi-las, na certeza de que as recebemos da vida por inevitável necessidade.

* * *

Compassivo irmão dar-nos-á coragem para vencer nos transes de rudes provas, no entanto, se realmente nos deseja felicidade, procederá conosco, à maneira do professor que instrui o discípulo, nas dificuldades do ensino, sem furtar-lhe os méritos da lição.

***

Longe de nos classificarmos por Espíritos Protetores, de vez que somos simples e imperfeitos servidores de todos aqueles que ainda sofrem o esmeril das lutas humanas, compreendemos as dores e os constrangimentos de quantos imploram socorro e exceção, em nossas casas de fé, mas a clareza doutrinária recomenda se proclame que o Evangelho não promete gratificações do mundo e que o Espiritismo não anuncia vantagens materiais, no que concerne à ilusão.

***

Nós todos, Espíritos vinculados ainda à Terra, estamos evoluindo e resgatando, aprendendo e edificando, no burilamento da alma.

Estendamos mãos fraternas, amparando-nos mutuamente.

Reconheçamos, porém, que progresso reclama esforço, quitação pede reajuste, estudo exige atenção e trabalho roga suor.

PRÁTICAS ESTRANHAS

Capítulo 25

PRÁTICAS ESTRANHAS

O livro dos médiuns — Cap. 31 — Item 21

Muitos, companheiros, sob a alegação de que todas as religiões são boas e respeitáveis, julgam que as tarefas espíritas nada perdem por aceitar a enxertia de práticas estranhas à simplicidade que lhes vige na base, lisonjeando indebitamente situações e personalidades humanas, supostas capazes de beneficiar as construções doutrinárias do Espiritismo.

No entanto, examinemos, sem parcialidade, a expressão contraditória de semelhante atitude, analisando-a, na lógica da vida.

Criaturas de todas as plagas do Universo são filhas do Criador e chegarão, um dia, à perfeição integral. Mas, no passo evolutivo em que nos achamos, não nos é lícito estar com todas, conquanto respeitemos a todas, de vez que inúmeras se encontram em experiências diametralmente opostas aos objetivos que nos propomos alcançar.

Não existem caminhos que não sejam viáveis e todos podem conduzir a determinado ponto do mundo. Contudo, somente os viajores irresponsáveis escolherão perlustrar atalhos perigosos e desfiladeiros obscuros, espinheiros e charcos, no dédalo de aventuras marginais, ao longo da estrada justa.

Indiscriminadamente, os produtos expostos num mercado são úteis. Mas sob a desculpa do acatamento que se deve a todos, não nos cabe comer de tudo, sem a mínima noção de higiene e sem qualquer consideração para com a própria saúde.

Águas de qualquer procedência liquidam a sede. No entanto, com a desculpa de que todas são valiosas, não é aconselhável se beba qualquer uma, sem qualquer preocupação de limpeza, a menos que a pessoa esteja nas vascas da sofreguidão, ameaçada de morte pelo deserto.

Sabemos que a legislação humana obtida à custa de sofrimento estabelece a segregação dos irmãos delinquentes para o trabalho reeducativo; sustenta a polícia rodoviária para garantir a ordem da passagem correta; mantém fiscalização adequada para o devido asseio nos recursos destinados à alimentação pública e cria agentes de filtragem para que as fontes não se façam veículos de endemias e outras calamidades que arrasariam populações indefesas.

Reflitamos nisso e compreenderemos que assegurar a simplicidade dos princípios espíritas, nas casas doutrinárias, para que as suas atividades atinjam a meta da libertação espiritual da Humanidade não é fanatismo e nem rigorismo de espécie alguma, porquanto, agir de outro modo seria o mesmo que devolver um mapa luminoso ao labirinto das sombras, após séculos de esforço e sacrifício para obtê-lo, como se também, a pretexto de fraternidade, fôssemos obrigados a desertar do lar para residir nas penitenciárias; a deixar o caminho certo para seguir pelo cipoal; a largar o prato saudável para ingerir a refeição deteriorada e desprezar a água potável por líquidos de salubridade suspeita.

Em Doutrina Espírita, pois, seja compreensível afirmar que é certo respeitar tudo e beneficiar sem complicar a cada um de nossos irmãos, onde quer que se encontrem, mas não podemos aceitar tudo e nem abraçar tudo, a fim de podermos estar certos.

DIRETRIZ EVANGÉLICA

Capítulo 26

DIRETRIZ EVANGÉLICA

O evangelho segundo o espiritismo
Cap. 18 — Item 12

"Não vos adapteis às conveniências e convenções do mundo, mas transformai-vos pela renovação do entendimento, de modo a conhecerdes os desígnios de Deus, para que a vossa tarefa se faça agradável e útil.

Aprendei com temperança o que vos convém saber, conforme o grau de vossa fé, porquanto assim como temos em um só corpo vários membros e nem todos eles guardam a mesma função, também nós que somos muitos formamos um só corpo em Cristo, embora sejamos individualmente membros uns dos outros.

Desse modo, existindo diversos dons, segundo as concessões que nos são dadas, se nos cabe a profecia seja ela praticada, na medida de nossos recursos;

se convocados à administração, ocupemo-nos em administrar; se localizados no ensino, devotemo-nos à instrução; os que exortem, usem as suas possibilidades em exortar; os que foram trazidos a repartir, procedam com liberalidade; quem preside, seja prudente; corações chamados ao exercício da misericórdia, empreguem a misericórdia com alegria.

Entre nós, seja o amor não simulado.

Esqueçamos o mal, buscando o bem.

Amai-vos cordialmente uns aos outros com afeto fraternal.

Não sejais vagarosos na vigilância, afervorai-vos no trabalho, servindo ao Senhor.

Regozijai-vos na esperança, sede pacientes nas dificuldades, perseverai na oração.

Amparai os bons, na solução de suas necessidades, sede hospitaleiros.

Abençoai os que vos perseguem, mantendo-vos solidários e unidos entre vós.

Não ambicioneis situações e posições, para as quais ainda não conseguimos a altura necessária, acomodando-nos à humildade, para que não estejamos alardeando sabedoria que ainda não temos.

A ninguém, torneis mal por mal.

Sejamos honestos com as coisas que nos dizem respeito e, se for possível e quanto for possível em nós, tenhamos paz com todos."

* * *

Estas observações, de forma e sentido positivamente espíritas e que parecem grafadas hoje para as lides naturais da pregação e da mediunidade, da propaganda e da ação, dos ideais e das obras de nossas instituições não são nossas e sim do Apóstolo Paulo de Tarso, constantes dos versículos 2 a 18 do capítulo 12 de sua *Epístola aos Romanos*.

Destacando esta breve página de orientação evangélica, escrita há 19 séculos, relacionemos as nossas responsabilidades, dentro do Espiritismo, que restaura o Cristianismo, em suas bases puras, e procuremos pensar.

DECISÃO

Capítulo 27

DECISÃO

O evangelho segundo o espiritismo
Cap. 24 — Item 15

SOMOS TANGIDOS POR FATOS E PROBLEMAS A EXIGIREM a manifestação de nossa vontade em todas as circunstâncias.

Muito embora disponhamos de recursos infinitos de escolha para assumir gesto determinado ou desenvolver certa ação, invariavelmente, estamos constrangidos a optar por um só caminho, de cada vez, para expressar os desígnios pessoais na construção do destino.

Conquanto possamos caminhar mil léguas, somente progredimos em substância avançando passo a passo.

Daí a importância da existência terrena, temporária e limitada, em muitos ângulos, porém rica e promissora quanto aos ensejos que nos faculta para automatizar o bem, no campo de nós mesmos, mediante a possibilidade de sermos bons para os outros.

Decisão é necessidade permanente.

Nossa vontade não pode ser multipartida.

Ideia, verbo e atitude exprimem resoluções de nossas almas, a frutificarem bênçãos de alegria ou lições de reajuste no próprio íntimo.

Vacilação é sintoma de fraqueza moral, tanto quanto desânimo é sinal de doença.

Certeza no bem denuncia felicidade real e confiança de hoje indica serenidade futura.

Progresso é fruto de escolha.

Não há nobre desincumbência com flexibilidade de intenção.

Afora tu mesmo, ninguém te decide o destino.

Se a eventualidade da sementeira é infinita, a fatalidade da colheita é inalienável.

Guardas contigo tesouros de experiências acumulados em milênios de luta que podem crescer, aqui e agora, a critério do teu alvitre.

Recorda que o berço de teu espírito fulge longe da existência terrestre.

O objetivo da perfeição é inevitável bênção de Deus e a perenidade da vida constitui o prazo de nosso burilamento, entretanto, o minuto que vives é o veículo da oportunidade para a seleção de valores, obedecendo a horário certo e revelando condições próprias, no ilimitado caminho da evolução.

BENEVOLÊNCIA

Capítulo 28

BENEVOLÊNCIA

O evangelho segundo o espiritismo
Cap. 15 — Item 7

Traduzindo benevolência por fator de equilíbrio, nas relações humanas, vale confrontar as atitudes infelizes com os obstáculos pesados que afligem o Espírito, na caminhada terrestre.

Aprendamos a sinonímia de ordem moral, no dicionário simples da Natureza:

Crítica destrutiva — labareda sonora.

Azedume — estrada barrenta.

Irritação — atoleiro comprido.

Indiferença — garoa gelada.

Cólera — desastre à vista.

Calúnia — estocada mortal.

Sarcasmo — pedrada a esmo.

Injúria — espinho infecto.

Queixa repetida — tiririca renitente.

Conversa desnecessária — vento inútil.

Preconceito — fruto bichado.

Gabolice — poeira grossa.

Lisonja — veneno doce.

Engrossamento — armadilha pronta.

Aspereza — casca espinhosa.

Pornografia — pântano aberto.

Despeito — serpente oculta.

Melindre — verme dourado.

Inveja — larva em penca.

Pessimismo — chuva de fel.

Espiritualmente, somos filtros do que somos.

Cada pessoa recebe aquilo que distribui.

Se esperamos pela indulgência alheia, consignemos as manifestações que nos pareçam indesejáveis e, evitando-as com segurança, saberemos cultivar a benevolência, no trato com o próximo, para que a benevolência nos seja auxílio incessante, através dos outros.

Capítulo 29

VINTE MODOS

O evangelho segundo o espiritismo
Cap. 6 — Item 8

Modos com que nós, espíritas, perturbamos a marcha do Espiritismo:

Esquecer a reforma íntima.

Desprezar os deveres profissionais.

Ausentar-se das obras de caridade.

Negar-se ao estudo.

Faltar aos compromissos sem justo motivo.

Rogar privilégios.

Escapar deliberadamente dos sofredores para não prestar-lhes pequeninos serviços.

Colocar os princípios espíritas à disposição de fachadas sociais.

Especular com a Doutrina em matéria política.

Sacrificar a família aos trabalhos da fé.

Açambarcar muitas obrigações, recusando distribuir a tarefa com os demais companheiros ou não abraçar incumbência alguma, isolando-se na preguiça.

Afligir-se pela conquista de aplausos.

Julgar-se indispensável.

Fugir ao exame imparcial e sereno das questões que concernem à clareza do Espiritismo, acima dos interesses e das pessoas.

Abdicar do raciocínio, deixando-se manobrar por movimentos ou criaturas que tentam sutilmente ensombrar a área do esclarecimento espírita com preconceitos e ilusões.

Ferir os outros com palavras agressivas ou deixar de auxiliá-los com palavras equilibradas no momento preciso.

Guardar melindres.

Olvidar o encargo natural de cooperar respeitosamente com os dirigentes das instituições doutrinárias.

Lisonjear médiuns e tarefeiros da causa espírita.

Largar aos outros responsabilidades que nos competem.

Capítulo 30

CARIDADE E RACIOCÍNIO

O evangelho segundo o espiritismo

Cap. 15 — Item 5

Todos pensamos na caridade, todos falamos em caridade!...

A caridade, indubitavelmente, é o coração que fala, entretanto, nas situações anormais da vida, há que ouvir o raciocínio, a fim de que ela seja o que deve ser.

Nada fere tanto como a visão de um ente querido, sob os tentáculos do câncer.

O coração chora. Mas se a radiografia sugere trabalho operatório, pede o raciocínio para que a cirurgia lhe revolva a carne atormentada, na suprema tentativa de recuperação.

Nada enternece mais do que abraçar um pequenino nas alegrias do lar.

O coração festeja. Mas se a criança brinca com fósforos, aconselha o raciocínio se lhe dê corrigenda.

Nada sensibiliza mais do que encontrar um alienado mental, atirado à rua.

O coração lamenta. Mas se o louco, em crise de fúria, carrega bombas consigo, prescreve o raciocínio seja ele contido à força.

Nada preocupa mais que observar um companheiro, no abuso de entorpecentes.

O coração sofre. Mas se o irmão, vinculado a semelhante hábito, distribui narcóticos, fazendo vítimas, solicita o raciocínio se lhe providencie a necessária segregação para o tratamento preciso.

* * *

O raciocínio, em nome da caridade, não tem, decerto, a presunção de violentar consciência alguma, impondo-lhe freios ou drásticos que lhe objetivem o aperfeiçoamento compulsório.

A Misericórdia Divina é paciência infatigável com os nossos multimilenários desequilíbrios, auxiliando a cada um de nós, através de meios determinados, de modo a que venhamos, saná-los, por nós mesmos, com o remédio amargoso da experiência, no veículo das horas.

Surge a autoridade do raciocínio, quando os nossos males saem de nós, em prejuízo dos outros.

Clareando a definição, comparemos a caridade, nascendo das profundezas da alma, com a fonte que se derrama, espontânea, das entranhas da terra. A fonte pode ser volumosa ou escassa, reta ou sinuosa, jorrar da montanha ou descambar na planície, saciar monstros ou dar de beber às aves do céu, tudo dependendo da estrutura, do clima, do solo ou das circunstâncias em que se movimente. Em qualquer ângulo que se mostre, pode o sentimento louvar-lhe a beleza e exaltar-lhe a utilidade que fertiliza glebas, acalenta vidas, garante lares, multiplica flores e retrata as estrelas, mas, se nessa ou naquela fonte, aparecem culturas do esquistossomo, é necessário que o raciocínio intervenha e, para o bem geral, lhe impeça o uso.

FENÔMENOS E NÓS

Capítulo 31

FENÔMENOS E NÓS

O livro dos médiuns — Item 60

O HOMEM QUER VER PARA CRER.

Aspira à construção da fé. E para isso exige fenômenos.

Entretanto, é um Espírito imortal a exprimir-se através de uma caixa de fenômenos e não percebe.

O cérebro é a maravilha que o abriga.

Na cúpula craniana tem a cabine da vontade, controlando bilhões de células a lhe cumprirem as ordens.

Como se ajustam lobos, sulcos e giros, como funcionam meninges, veias e líquidos para que governe as próprias sensações não cogita para viver.

De que modo se comportam os neurônios para que possa pensar é problema de que não se preocupa, quando reflete.

Domina a linguagem sem pesar o esforço que reclama das áreas corticais que lhe presidem a fala.

Enxerga dando trabalho aos nervos ópticos sem cogitar disso.

Ouve, por intermédio de complicados engenhos, mas não pondera quanto ao que essa preciosidade lhe custa.

Mobiliza tubos, artérias, alambiques, aparelhos, canais e depósitos variados para beber e comer, assimilar os recursos da vida e desvencilhar-se das gangas residuais da alimentação, todavia, às vezes atravessa uma existência secular sem a menor consideração por semelhantes prodígios.

Comumente reclama provas da sobrevivência da alma depois da morte, mas, até hoje, embora conjeture, não sabe exatamente como é que veio à vida.

Ninguém nega que fenômenos servem para acordar a mente, contudo, é imperioso reconhecer que as criaturas humanas, na experiência diária, comunicam-se umas com as outras, através de montanhas deles sem a mínima comoção.

Eis os motivos pelos quais os espíritos superiores, conscientes da responsabilidade que abraçam, colocarão sempre os fenômenos em última plana no esquema das manifestações com que nos visitam.

    Assim procedem porque a curiosidade inerte ou deslumbrada não substitui o serviço e o serviço é a única via que nos faculta crescimento e elevação, compelindo-nos a estudar para progredir e a evoluir para sublimar.

TOLERÂNCIA E
COERÊNCIA

Capítulo 32

TOLERÂNCIA E COERÊNCIA

O evangelho segundo o espiritismo
Cap. 10 — Item 21

COMPREENDER E DESCULPAR SEMPRE, PORQUE TODOS necessitamos de compreensão e desculpa, nas horas do desacerto, mas observar a coerência para que os diques da tolerância não se esbarrondem, corroídos pela displicência sistemática, patrocinando a desordem.

Disse Jesus: "Amai os vossos inimigos."

E o Senhor ensinou-nos realmente a amá-los, através dos seus próprios exemplos de humildade sem servilismo e de lealdade sem arrogância.

Ele sabia que Judas, o discípulo incauto, bandeava-se, pouco a pouco, para a esfera dos adversários que lhe combatiam a mensagem renovadora...

A pretexto de amar os inimigos, ser-lhe-ia lícito afastá-lo da pequena comunidade, a fim de preservá-la, mas preferiu estender-lhe mãos fraternas, até a última crise de deserção, ensinando-nos o dever de auxiliar aos companheiros de tarefa, na prática do bem, enquanto isso se nos torne possível.

Não ignorava que os supervisores do Sinédrio lhe tramavam a perda...

A pretexto de amar os inimigos, poderia solicitar-lhes encontros cordiais para a discussão de política doméstica, promovendo recuos e concessões, de maneira a poupar complicações aos próprios amigos, mas preferiu suportar-lhes a perseguição gratuita, ensinando-nos que não se deve contender, em matéria de orientação espiritual, com pessoas cultas e conscientes, plenamente informadas, quanto às obrigações que a responsabilidade do conhecimento superior lhes preceitua.

**

Certificara-se de que Pilatos, o juiz dúbio, agia, inconsiderado...

A pretexto de amar os inimigos, não lhe seria difícil recorrer à justiça de instância mais elevada, mas preferiu aguentar-lhe a sentença iníqua, ensinando-nos que a atitude de todos aqueles que procuram sinceramente a verdade não comporta evasivas.

Percebia, no sacrifício supremo, que a multidão se desvairava...

A pretexto de amar os inimigos, era perfeitamente cabível que alegasse a extensão dos serviços prestados, pedindo a comiseração pública, a fim de que se lhe não golpeasse a obra nascente, mas preferiu silenciar e partir, invocando o perdão da Providência Divina para os próprios verdugos, ensinando-nos que é preciso abençoar os que nos firam e orar por eles, sem, contudo, premiar-lhes a leviandade para que a leviandade não alegue crescimento com o nosso apoio.

* * *

Jesus entendeu a todos, beneficiou a todos, socorreu a todos e esclareceu a todos, demonstrando-nos que a caridade, expressando amor puro, é semelhante ao Sol que abraça a todos, mas não transigiu com o mal.

Isso quer dizer que fora da caridade não há tolerância e que não há tolerância sem coerência.

SANTIDADE DE SUPERFÍCIE

Capítulo 33

SANTIDADE DE SUPERFÍCIE

O evangelho segundo o espiritismo
Cap. 18 — Item 9

MUITOS COMPANHEIROS DA CONVICÇÃO ESPÍRITA COStumam afirmar que:

Estão imbuídos de fé ardente, mas os inquisidores do passado que acendiam fogueiras pela imposição do "crê ou morre" também a possuíam;

Cultivam ilimitada cautela para não tombarem no erro, mas todos os religiosos que desertam da luta humana alegam prevenção contra o pecado para fugirem das obrigações sociais;

Adotam a tolerância invariável para com tudo, de modo a estarem completamente bem com todos, mas, ao que nos parece, a História indica que o iniciador do comodismo perfeito, na edificação cristã, foi Pilatos, o juiz, que preferiu não examinar a grandeza de Jesus, a fim de não ter, nem sofrer problemas;

Agem unicamente sob o móvel das boas intenções e que, por isso mesmo, não concordam com disciplina de método na prestação da caridade, mas todos os que complicam as vidas alheias, a pretexto de fazerem o bem, na hora do desastre, asseveram chorando que se achavam impelidos pelos mais puros intentos;

Obedecem apenas aos impulsos do coração, mas os penitenciários, quando inquiridos sobre a motivação das faltas que os fizeram cair na criminalidade, esclarecem, de modo geral, que atenderam tão só aos ditames do sentimento;

Consideram, de maneira exclusiva, o burilamento do cérebro, mas do ponto de vista da inteligência hipertrofiada no orgulho, todos os promotores de guerra formaram e ainda formam entre as cabeças mais cultas da Humanidade;

Os companheiros da seara espírita, no entanto, sabem com Allan Kardec que o espírita é chamado a usar confiança e zelo, indulgência e bondade, pensamento e emoção, aliando equilíbrio e fé raciocinada, na base da reforma íntima, com serviço incessante aos outros.

Por esse motivo, efetuando a própria libertação e amparando a libertação dos semelhantes das cadeias mentais forjadas na Terra em nome da santidade de superfície, o espírita verdadeiro é conhecido por seu devotamento ao bem de todas as criaturas e pela coragem com que dá testemunho da sua transformação moral.

EQUILÍBRIO SEMPRE

Capítulo 34

EQUILÍBRIO SEMPRE

O evangelho segundo o espiritismo
Cap. 24 — Item 7

Todos somos chamados, de vez em vez, a administrar a verdade, aqui e ali, entretanto, a verdade, no fundo, é conhecimento e conhecimento solicita dosagem para servir.

* * * *

Necessário instituir a civilização, entre os companheiros ainda empenachados na selva.

Para isso, não começaremos por trazê-los à discussão, em torno da relatividade, mas também, a pretexto de angariar-lhes a confiança, não nos cabe exalçar a antropofagia que nos caracterizava os avós.

Indispensável estender instrução à criança.

Não encetaremos, porém, semelhante trabalho, sentando-a num anfiteatro, destinado ao ensino superior, mas também, sob a alegação de conquistar-lhe o interesse, não lhe permitiremos um bisturi nas mãos frágeis.

* * *

Contemplando hoje a paisagem na qual se estruturou a organização da Doutrina Espírita, com a serenidade de quem examina um quadro admirável, após a formação de todas as minudências que o integram, reconhecemos a superioridade dos Espíritos sábios e magnânimos que orientaram a Codificação do Espiritismo, estudando-lhes a presença na obra de Allan Kardec.

Eles induzem o inesquecível missionário à observação das mesas girantes e à pesquisa dos fenômenos magnéticos, entretanto, em momento algum, fogem de salientar as finalidades morais do intercâmbio entre encarnados e desencarnados.

Permitem-lhe aceitar o apoio de amigos prestigiosos para o rápido lançamento dos volumes que lhe competia editar, em tempo reduzido, todavia, em tópico nenhum, arrastam o ensinamento espírita às inclinações e paixões de natureza política.

Concordam em que se recorra a certas imagens da teologia em voga, contudo, em nenhum lugar, preconizam ritualismo e superstição, em nome da fé.

Inspiram-lhe carinhoso respeito e profunda gratidão por todos os médiuns que lhe prestaram concurso, no entanto, a título de auxiliá-los ou de garantir-lhes a subsistência, não endossam qualquer aprovação à mediunidade remunerada.

* * *

Todos encontramos aqueles que se valem das nossas possibilidades de informação e esclarecimento, no tocante às verdades do espírito, entretanto, para agir acertadamente, recordemos o exemplo dos instrutores da Vida Maior, nos primeiros dias do Espiritismo.

Tolerar acessórios, sem transigir com o essencial.

Dosear a verdade, sem estimular a mentira.

Amparar o bem sem encorajar o mal.

Compreensão nobre, mas equilíbrio sempre.

SABER VIVER

Capítulo 35

SABER VIVER

O céu e o inferno — 1ª Parte
Cap. 7 — Item 3, § 29

Toda Lei Divina revela serena imparcialidade. Fuga à responsabilidade não diminui o quadro de nossas obrigações.

Não adianta paralisares o teu relógio, porque as horas seguirão sempre, independentemente dele e de ti...

Toda transformação moral há de ser profunda. Mudanças aparentes não modificam o Espírito para melhor.

O corte dos cabelos ou o uso do chapéu não te renovam os pensamentos no íntimo da cabeça...

Todo corpo há de ser governado pelo espírito. A rigor, a carne só é fraca quando reflete o ânimo indeciso.

Os sapatos aparentemente te conduzem os pés porque os teus pés os conduzem...

Todo empréstimo terrestre é passageiro. Imperioso desapegarmo-nos da matéria, desoprimindo o espírito.

Apenas dinheiro no bolso não te outorga a tranquilidade da consciência...

Toda pessoa para ser verdadeiramente feliz reclama trabalho. Mas somente o trabalho que serve ao bem de todos é alimento da Criação.

Algumas vezes encontramos irmãos nossos que se dizem cansados de trabalhar e acabam hospedados pela polícia.

Toda criatura tanto precisa de conhecimento quanto de bondade.

Nem só estudo e nem só benevolência libertam integralmente a alma.

Os óculos não te corrigem os defeitos da vontade e nem a vontade te corrige os defeitos da visão...

Todo coração necessita de amor. Urge discernir como se ama e como se é amado.

Os parasitos, decerto, agarram-se às próprias vítimas atendendo a impulsos de bem-querer...

Toda existência tem objetivos específicos. A ação construtiva que surge para ser feita agora não deve ser adiada.

A tua carteira de identidade só vale para a presente encarnação...

O Espiritismo ensinar-te-á como viver proveitosamente, em plenitude de alegria e de paz, ante o determinismo da evolução.

Viver por viver todos vivem.

O essencial é saber viver.

NECESSITADOS DIFÍCEIS

Capítulo 36
NECESSITADOS DIFÍCEIS

O evangelho segundo o espiritismo
Cap. 12 — Item 1

EM MUITAS CIRCUNSTÂNCIAS, NA TERRA, INTERPRETAMOS as horas escuras como sendo unicamente aquelas em que a aflição nos atenaza a existência, em forma de tristeza, abandono, enfermidade, privação...

O espírita, porém, sabe que subsistem outras, piores talvez... Não ignora que aparecem dias mascarados de felicidade aparente, em que o sentimento anestesiado pela ilusão se rende à sombra.

Tempos em que os companheiros enganados se julgam certos...

Ocasiões em que os irmãos saciados de reconforto sentem fome de luz e não sabem disso...

Nem sempre estarão eles na berlinda, guindados à evidência pública ou social, sob sentenças exprobatórias ou incenso louvaminheiro da multidão...

Às vezes, renteiam conosco em casa ou na vizinhança, no trabalho ou no estudo, no roteiro ou no ideal... O espírita consciente reconhece que são eles os necessitados difíceis das horas escuras. Em muitos lances da estrada, vê-se obrigado a comungar-lhes a presença, a partilhar-lhes a atividade, a ouvi-los e a obedecê-los, até o ponto em que o dever funcional ou o compromisso doméstico lhe preceituem determinadas obrigações.

Entretanto, observa que para lhes ser útil, não lhe será lícito efetivamente aplaudi-los, à maneira do caçador que finge ternura à frente da presa, a fim de esmagá-la com mais segurança.

***

Como, porém, exercer a solidariedade, diante deles? — perguntarás. Como menosprezá-los se carecem de apoio?

Precisamos, no entanto, verificar que, em muitos requisitos do concurso real, socorrer não será sorrir.

Todos conseguimos doar cooperação fraternal aos necessitados difíceis das horas escuras, seja silenciando ou clareando situações, nas medidas do entendimento evangélico, sem destruir-lhes a possibilidade de aprender, crescer, melhorar e servir, aproveitando os talentos da vida, no encargo que desempenham e na tarefa que o Mestre lhes confiou. Mesmo quando se nos façam adversários gratuitos, podemos auxiliá-los ...

Jesus não nos recomendou festejar os que nos apedrejem a consciência tranquila e nem nos ensinou a arrasá-los. Mas, ciente de que não nos é possível concordar com eles e nem tampouco odiá-los, exortou-nos claramente: "amai os vossos inimigos, orai pelos que vos perseguem e caluniam!..."

É assim que a todos os necessitados difíceis das horas escuras, aos quais não nos é facultado estender os braços de pronto, podemos amar em espírito, amparando-lhes o caminho, através da oração.

DIVULGAÇÃO
ESPÍRITA

Capítulo 37

DIVULGAÇÃO ESPÍRITA

O evangelho segundo o espiritismo
Cap. 24 — Item 1

Há companheiros que se dizem contrários à divulgação espírita.

Julgam vaidade o propósito de se lhe exaltar os méritos e agradecer os benefícios nas iniciativas de caráter público.

Para eles, o Espiritismo fala por si e caminhará por si.

Estão certos nessa convicção, mas isso não nos invalida o dever de colaborar na extensão do conhecimento espírita com o devotamento que a boa semente merece do lavrador.

O ensino exige recintos para o magistério.

O Espiritismo deve ser apresentado por seus profitentes em sessões públicas.

A cultura reclama publicações.

O Espiritismo tem a sua alavanca de expansão no livro que lhe expõe os postulados.

A arte pede representações.

O Espiritismo não dispensa as obras que lhe exponham a grandeza.

A indústria requisita produção que lhe demonstre o valor.

O Espiritismo possui a sua maior força nas realizações e no exemplo dos seus seguidores, em cujo rendimento para o bem comum se lhe define a excelência.

Não podemos relaxar a educação espírita, desprezando os instrumentos da divulgação de que dispomos a fim de estendê-la e honorificá-la.

Allan Kardec começou o trabalho doutrinário publicando as obras da Codificação e instituindo uma sociedade promotora de reuniões e palestras públicas, uma revista e uma livraria para a difusão inicial da Revelação Nova.

Mas não é só.

Que Jesus estimou a publicidade, não para si mesmo, mas para o Evangelho, é afirmação que não sofre dúvida.

Para isso, encetou a sua obra aliciando doze agentes respeitáveis para lhe veicularem os ensinamentos e Ele próprio fundou o Cristianismo através de assembleias públicas.

O "ide e pregai" nasceu-lhe da palavra recamada de luz.

E compreendendo que a Boa-Nova estava ameaçada pela influência judaizante em vista da comunidade apostólica confinar-se de modo extremo aos preceitos do Velho Testamento, após regressar às Esferas Superiores, comunicou-se numa estrada vulgar, chamando Paulo de Tarso para publicar-lhe os princípios junto à gentilidade a que Jerusalém jamais se abria.

Visto isso, não sabemos como estar no Espiritismo sem falar nele ou, em outras palavras, se quisermos preservar o Espiritismo e renovar-lhe às energias, a benefício do mundo, é necessário compreender-lhe as finalidades de escola e toda escola para cumprir o seu papel precisa divulgar.

SABER OUVIR

Capítulo 38

SABER OUVIR

O evangelho segundo o espiritismo
Cap. 7 — Item 1

TUMULTO E VOZERIO, NOS ATRITOS HUMANOS, PEDEM um tipo raro de beneficência: a caridade de saber ouvir.

São muitos os que cambaleiam, desorientados, à mingua de tolerância que os ouça.

Convém, no entanto, frisar que palavras não lhes escasseiam. Falta-lhes o silêncio de um coração amigo, com bastante amor para ungir-lhes a alma, no bálsamo da compreensão; e, por esse motivo, desfalecem na luta, à feição do motor que se desajusta sem óleo.

***

Desdobras a mesa, ergues abrigo seguro, repartes a veste, esvazias a bolsa, atendendo aos que necessitam... Cede também o donativo da atenção aos angustiados, para que se lhes descongestione o trânsito das ideias infelizes, nas veredas da alma.

Para que lhes prestes, entanto, o amparo devido, não mostres o ar distante dos que não querem se incomodar e nem digas a frase clássica: "pior aconteceu comigo", com a qual, muitas vezes, a pretexto de ajudar, apenas alardeamos egocentrismo, à frente dos outros, sem perceber que estamos a esmagá-los.

É possível que os teus problemas sejam realmente maiores, entretanto, na Terra, ninguém possui medida conveniente para determinar a extensão dos sofrimentos alheios. Desce, pois, do alto nível de tuas dores, minorando aquelas que te pareçam mais simples.

Deixa que o próximo te relacione os próprios desgostos. Se tiveres pressa ou cansaço, não pronuncies respostas tocadas de superioridade ou aspereza, qual se morasses numa cátedra de heroísmo. Faze pausa, mesmo breve, e gasta um minuto de gentileza.

Todavia, sempre que possas, ouve calmamente, diminuindo a aflição que lavra no mundo.

No instante em que te caiba configurar a palavra, dize a frase que esclareça sem ferir ou que reanime sem enganar.

Se as circunstâncias te impelem às referências de ordem pessoal, seleciona aquelas que sirvam aos outros, na condição de escora e esperança.

Sobretudo, em ouvindo, não interrompas quem fala com a vara do reproche.

Geralmente, os que te procuram o entendimento para descarregar as agonias da alma, conhecem de sobra o calibre da cruz que eles mesmos colocaram nos ombros. Rogam-te apenas alguma pequenina parcela de energia que lhes assegurem mais alguns passos, caminho adiante.

Aprendamos a ouvir para auxiliar, sem a presunção de resolver.

O próprio Cristo consolando e abençoando, esclarecendo e servindo, não prometeu a supressão imediata das provações de quantos o cercavam, mas, sim, apelava, sincero: "Vinde a mim, que eu vos aliviarei."

REFORMAS DE METADE

Capítulo 39

REFORMAS DE METADE

O céu e o inferno — 1ª Parte
Cap. 7 — Item 2

DESDE A PRIMEIRA HORA DA DOUTRINA ESPÍRITA recomendam os emissários da Esfera Superior uma reforma urgente, inadiável, intransferível: a reforma de cada um de nós, nas bases traçadas pelo Evangelho de Jesus.

Isso porque toda reforma nas linhas da boa intenção será respeitável, mas somente a renovação interior é fundamental.

Tudo o que vise melhorar a vida deve ser feito, no entanto, se não nos melhoramos, todas as aquisições efetuadas são vantagens superficiais.

Qualquer benefício externo para ser benefício real depende de nós.

A luz que nos auxilia a escrever uma página de fraternidade pode ser aproveitada pelo companheiro menos feliz para traçar uma carta que favorece o crime.

O dinheiro que nos custeou a movimentação para o estudo das Leis Morais que nos governam o destino é o mesmo que está sendo despendido pelos que compram a decadência do corpo e da alma nos redutos do álcool.

O automóvel que nos conduz ao cenáculo de oração, onde louvamos a Bondade Divina, transporta de igual modo a locais determinados os que se reúnem para a negação da fé.

A morfina que alivia o sofrimento na dose adequada não é diversa da que garante os abusos do entorpecente.

Justo que não se impeça a formação de medidas destinadas ao bem comum.

A higiene é um atestado eloquente de que ninguém deve e nem pode viver sem a constante renovação exterior.

O Espiritismo, porém, nos adverte de que todas as modificações por fora, ainda as mais dignas, são reformas de metade, que permanecerão incompletas sem as reformas do homem que lhes manejará os valores.

Reflitamos nisso, observando o caminho e a meta. Sem estrada não alcançaremos o alvo, entretanto, a estrada é o meio e o alvo é o fim.

Para sermos mais precisos, resumamos o assunto com a lógica espírita, num raciocínio ligeiro e claro: todos nós, os ignorantes e os sábios, os justos e os injustos, podemos fazer o bem e devemos fazer o bem, mas, acima de tudo, é preciso ser bom...

FELIZES E INFELIZES

Capítulo 40

FELIZES E INFELIZES

O livro dos espíritos — Questão 921

O CONCEITO ESPÍRITA DA FELICIDADE NEM SEMPRE ENxerga os felizes onde o mundo os coloca.

Há pessoas que requisitam conforto demasiado, na preocupação de serem felizes, e acabam infelizes, estiradas no tédio.

Criaturas aparecem, pleiteando destaque e, em se crendo ditosas por obtê-lo, confessam-se infortunadas depois, quando se reconhecem inabilitadas para os encargos que receberam.

Há felizes nas mesas lautas, comprando enfermidades com os excessos a que se afeiçoam e infelizes, na carência material, entesourando valores imperecíveis, no proveito das lições que o mundo lhes reservou.

Em toda parte, surpreendemos os felizes de saúde, que abusam da robustez, caindo na desencarnação prematura, e os infelizes de doença, que senhoreiam longa vida pelo respeito que dedicam ao corpo.

Em todos os lugares, os contrastes aparentemente chocantes... Situações risonhas, muitas vezes, geram suplícios porvindouros, por não saber quem as possui empregar criteriosamente a felicidade que lhes foi emprestada. Aqui e além, surgem, sem conta, os felizes-infelizes nos enganos a que se arrojam e os infelizes-felizes, nas provações em que se elevam.

Sócrates, considerado infeliz, é o pai da filosofia.

Anytos, imaginado feliz, ainda hoje, no conceito do mundo, é o carrasco.

Jesus, suposto infeliz, é o renovador do mundo.

Barrabás, julgado feliz, até agora, na memória dos homens, é o malfeitor.

***

Apliquemos o entendimento espírita aos acontecimentos cotidianos e verificaremos que os felizes e os infelizes não estão qualificados pela abastança ou pela indigência que entremostrem nos quadros exteriores. São e serão sempre aqueles que, em qualquer circunstância, edificam a felicidade para os outros, de vez que as leis da vida determinam seja a criatura medida pelas outras criaturas, especificando que a felicidade ou a infelicidade articuladas por alguém, nos caminhos alheios, se voltem, matematicamente, para quem as formou.

Capítulo 41
MEDO E MEDIUNIDADE

O livro dos médiuns — Item 159

— Gosto das reuniões espíritas, contudo, tenho medo de comparecer...

— Sinto a mediunidade, mas temo...

— Creio racionalmente no Mundo dos Espíritos, entretanto, não posso nem pensar seja possível que um Espírito me apareça...

Se surgem comumente confissões quais essas, é preciso anotar que elas exprimem apenas reduzido número daquelas criaturas que dizem com franqueza o que pensam.

Quantos médiuns se afastam em silêncio da ação edificante a que foram chamados e só os Amigos da Espiritualidade lhes testemunham o medo inconfessável, a se lhes enrodilhar nos corações por visco entorpecente!

Sim! Um dos muitos tipos de medianeiros frustrados no intercâmbio espiritual e que escapam até agora de toda classificação é o médium medroso.

As pessoas impressionáveis quase sempre revelam espontâneas susceptibilidades incluindo naturalmente o medo por um dos agentes essenciais da sensibilização mediúnica. Complexadas por algum fato ou conversa ouvida, leitura ou referência que lhes vincaram a emotividade, alimentam terror pânico e difuso ante o exercício das faculdades psíquicas, sem qualquer razão de ser.

Certifiquemo-nos de que o medo é uma espécie de baraço invisível, frenando inutilmente legiões de trabalhadores valorosos à margem do serviço. Fobia — muitas vezes derivada de atitudes infantis —, é necessário saibamos curá-la, pela medicação do amor fraternal e do esclarecimento lógico, sem perder de vista que a ocorrência mediúnica é manifestação de Espírito para Espírito igual aos sucessos corriqueiros da vida terrestre.

Médium, se o medo é o teu problema individual, no que respeita à prática medianímica, situa na construção da fé raciocinada a melhoria a que aspiras!

A coerência com os princípios que esposamos ensina-nos que a criatura de fé verdadeira nada teme, senão a si própria, atenta que vive às fraquezas pessoais. Em razão disso, é correto receares simplesmente a ti mesmo, em todos os sentimentos que ainda não conseguiste disciplinar.

Se não te amedrontas face à condição de intérprete para a troca verbal entre criaturas que versam idiomas diferentes, por que temer a posição de instrumento entre pessoas domiciliadas em esferas diferentes, carecidas da cooperação mediúnica?

Por que motivo te assustares diante dos desencarnados, que são, na essência, personalidades iguais a ti mesmo?

Espíritos benevolentes e esclarecidos são mentores preciosos que merecem apreço e Espíritos doentes ou infelizes não devem ser temidos, por necessitados de mais amor.

Medo é inexperiência.

Corrige-te, através do labor mediúnico, raciocinando com o Evangelho Vivo e perseverando na tarefa de fraternidade.

Na edificação doutrinária, onde se objetiva o intercâmbio puro com as Esferas Superiores, todos os companheiros se esforçam na garantia dos bons pensamentos e a assistência espiritual se levanta de preces sinceras sendo, portanto, num templo espírita, o local em que a pessoa humana coisa alguma deve temer, por encontrar aí as fontes de seu próprio consolo e sustentação.

Não te admitas incapaz de dominar o medo perante as efusões do reino da alma. Reage contra qualquer receio infundado, mantendo-te na tranquilidade da confiança, no desassombro da fé, na leitura edificante e na meditação construtiva, e, ao fazeres a tua parte na supressão de semelhante fantasma íntimo, reconhecerás que os benfeitores da Vida Maior te farão descobrir na lavra mediúnica o áureo caminho da verdade e o portal sublime do amor.

Capítulo 42

SEMEIA, SEMEIA!...

*O céu e o inferno — 1ª Parte
Cap. 7 — Item 3, § 4*

CADA CORAÇÃO DO CAMINHO É COMPARÁVEL A TRATO de terra espiritual.

Muitos estarão soterrados no pedregulho dos preconceitos, ao pé de outros que se enrodilham no espinheiral da ilusão, requisitando tempo enorme para se verem livres.

Entretanto, reflete na terra boa, lançada ao desvalimento.

É aí que todos os parasitos geradores da inércia se instalam, absorventes!... Terras abandonadas, terras órfãs!... Criaturas que anseiam pelo adubo da fé, almas que suplicam modesta plantação de esperança e conforto!...

Esses solos desprezados, muita vez, te buscam, fronteiriços... Descerram-se-te à visão, na fadiga dos pais que a dor imanifesta suplicia e consome; no desencanto dos companheiros tristes que carregam no peito o próprio sonho em cinza; no problema do filho que a revolta desgasta; na prova dos irmãos que sorriem chorando para que lhes não vejas os detritos de angústia...

Se já podes ouvir o Excelso Semeador, semeia, semeia!...

Sabes que a caridade, é o sol que varre as sombras; trazes contigo o dom de esparzir o consolo; podes pronunciar a palavra da bênção; consegues derramar o que sobra da bolsa, transformando a moeda em prece de alegria; guardas o braço forte que levanta os caídos; teus dedos são capazes de recompor as cordas que o sofrimento parte em corações alheios, afinando-as no tom da música fraterna; reténs o privilégio de repartir com os nus a roupa que largaste; nada te freia as mãos no socorro ao doente; ninguém te impede, enfim, de construir na estrada o bem para quem passa e o bem dos que virão...

***

Não te detenhas, pois, no vazio das trevas!...

Planta a verdade e a luz, o júbilo e a bondade.

Se percebes a voz do Excelso Semeador, escutá-lo-ás, a cada passo, rente aos próprios ouvidos, a dizer-te confiante:

— Trabalha, enquanto é tempo e semeia, semeia!...

Capítulo 43

ENGANOS ANTE OS ESPÍRITOS

O livro dos médiuns — Item 286

JULGAR QUE TODOS OS ESPÍRITOS BENEVOLENTES QUE se comunicam na Terra são instrumentos imaculados. Desencarnação é vida em outra face.

Considerar que eles veiculam princípios de virtude, como se fossem anjos flanando nos céus, dando conselhos que nada lhes custa. O professor reconhece-se impelido a disciplinas mais austeras que as dos alunos para ser digno da missão de ensinar.

Chamá-los, a propósito de bagatelas. Criaturas relativamente educadas sabem respeitar os horários alheios.

Solicitar-lhes concurso em problemas estritamente materiais. Nenhum de nós, conquanto satisfeitos de ser úteis, furtará obrigações dos outros, das quais eles necessitam para a segurança da própria felicidade.

Censurá-los por não estarem à nossa inteira disposição. Amigos sinceros e conscientes não escravizam amigos.

Complicar as consultas que lhes queiramos fazer, com a desculpa de lhes testar a existência. Só os corações irresponsáveis intentariam transformar os entes amados em ledores de buena-dicha.

Exigir-lhes a verdade total. Todos nós cultivamos o tato psicológico no trato recíproco e não ignoramos que certas revelações funcionam nos mecanismos da alma, assim como determinados medicamentos que somente beneficiam os mecanismos do corpo em dose adequada.

Criticar-lhes sem ponderação e respeito as falhas quando apareçam. A pessoa de bom senso compreende claramente o desacerto do benfeitor de quem já recebeu 99 favores perfeitos, através de recursos imperfeitos, como sejam os canais mediúnicos terrestres e doente algum pode queixar-se quando ele mesmo procura obscurecer, por todos os modos, os raciocínios e manifestações do médico.

Não desconhecemos que entre a encarnação, a desencarnação e a reencarnação, todos somos Espíritos em trabalho evolutivo.

A Doutrina Espírita é o fiel da balança de nossas relações uns com os outros, nos planos a que se acolhem desencarnados e encarnados, representando orientação e luz, ensinamento e pedra de toque. Diante dela os Espíritos têm responsabilidade e os homens também.

CILÍCIO E VIDA

Capítulo 44

CILÍCIO E VIDA

O evangelho segundo o espiritismo
Cap. 5 — Item 26

Cilícios para ganhar os Céus!

A Infinita Bondade abençoe a quem os pratique de boa-fé, no entanto, convém recordar que o Apelo Divino solicita "misericórdia e não sacrifício".

Nessa legenda, a lógica espírita aconselha disciplinas edificantes e não rigores inúteis; austeridades que rendam educação e progresso; regimes que frutifiquem compreensão e beneficência; cooperação por escola e trabalho exprimindo aprendizado espontâneo.

***

Quando tenhas uma hora disponível, acima do repouso que te restaure, canaliza atenção e força para que se atenuem os sofrimentos da retaguarda.

Um minuto de carinho para com os alienados mentais ensina a preservar o próprio juízo.

Alguns momentos de serviço, junto ao leito dos paralíticos, articulam preciosa aula de paciência.

Simples visita ao hospital diminui ilusões.

Cozinhar prato humilde, a benefício dos que não conseguem assegurar a subsistência, impele a corrigir os excessos da mesa.

Costurar em socorro dos que tremem desnudos, auxilia a esquecer extravagâncias de vestuários.

Entregar voluntariamente algum recurso, nos lares desprotegidos, criando reconforto e esperança, imuniza contra o flagelo da usura e contra a voragem do desperdício.

Amparar em pessoa aos que vagam sem rumo ensina respeito ao lar que nos aconchega.

Cilícios para conquistar os talentos celestes!...

Façamos aqueles que se transfigurem nas obras de fraternidade e elevação, por melhorarem a vida, melhorando a nós mesmos.

Não ignoramos que tanto o Planeta Terrestre, quanto as criaturas que o povoam jazem vivos, em pleno céu, entretanto, jamais contemplaremos a luz divina do céu que nos circunda sem acendê-la, dentro de nós.

Capítulo 45

O LIVRO DOS MÉDIUNS

O livro dos médiuns — Introdução

MUITOS REFERIAM-SE À JUSTIÇA...

Mas apenas Moisés logrou expressá-la junto aos homens.

Muitos sentiam a necessidade do amor por único recurso de sustentação da concórdia e da fraternidade entre as criaturas...

Entretanto, somente Jesus conseguiu exemplificá-la na Terra.

***

Qual ocorre no plano moral, assim tem acontecido sempre em todos os distritos do progresso humano.

Muitos registravam o impositivo de mais ampla divulgação da cultura...

Contudo, só Gutenberg pôde articular os alicerces da imprensa.

Muitos observavam que o mundo químico devia ter por base um elemento extremamente simples...

Todavia, somente Cavendish chegou a descobrir o hidrogênio.

Muitos reconheciam a possibilidade de isolar-se a faísca elétrica...

No entanto, só Franklin levantou o para-raios.

Muitos pensavam na criação do transporte rápido...

Mas apenas Stephenson desvelou a locomotiva.

Muitos pressentiam a existência da gravitação...

Entretanto, somente Newton granjeou enunciá-la.

Muitos falavam em arquivo da voz...

Contudo, só Edison corporificou o fonógrafo.

Muitos suspeitavam da influência maléfica dos bacilos...

Todavia, somente Pasteur instituiu a imunização.

Muitos estudavam as ondas eletromagnéticas...

No entanto, só Marconi estabeleceu as comunicações sem fio.

* * *

Através de séculos, muitos admitiam o intercâmbio entre os homens na carne e os Espíritos no Espaço...

Contudo, somente Allan Kardec definiu a prática mediúnica inaugurando Nova Era para a vida mental da Humanidade.

Glória, pois, a *O livro dos médiuns* que consubstancia o pensamento puro e original do Codificador sobre a mediunidade com Jesus. Estudemo-lo.

NA TRILHA DA CARIDADE

Capítulo 46

NA TRILHA DA CARIDADE

O evangelho segundo o espiritismo
Cap. 15 — Item 10

Se já podes sentir a felicidade de auxiliar, imagina-te no lugar de quem pede.

Provavelmente, jamais precisaste recorrer à mesa do próximo, para alimentar um filho estremecido e nem saibas quanto dói a inquietação, nas salas de longa espera, quando se trata de mendigar singelo favor.

Quantos nos dirigem o olhar molhado, suplicando socorro, são nossos irmãos...

Talvez nunca examinaste os prodígios de resistência dos pequeninos sem prato certo que te abordam na rua e nunca mediste a solidão dos que atravessam moléstia grave, sem braço amigo que os assista, no sofrimento, a se arrastarem nas vias públicas, na expectativa de encontrarem alguém que lhes estenda leve apoio contra o assédio da morte.

Muitos dizem que há entre eles viciações e mentiras, que nos compete evitar em louvor da justiça e ninguém pode contrariar a justiça, chamada a reger a ordem.

Será justo, no entanto, verificar até que ponto somos culpados pelo desespero que os fizeram cair em semelhantes desequilíbrios e até onde somos também passíveis de censura por faltas equivalentes.

***

Deus nos dá para que aprendamos também a distribuir.

Assegura a disciplina, mas lembra-te de que o Senhor te agradece a bagatela de bondade que possas entregar, em favor dos que sofrem, e a palavra de reconforto que graves no coração torturado que te pede esperança.

Trabalha contra o mal, no entanto, recorda que as leis da vida assinalam a alegria da criança desditosa a quem deste um sinal de bondade e respondem as orações do velhinho que te recolhe os testemunhos de afeto, exclamando: "Deus te abençoe".

A caridade em cada gesto e em cada frase acende o clarão de uma bênção. Será talvez por isso que a Sabedoria Divina ergueu o cérebro, acima do tronco, por almenara de luz, como a dizer-nos que ninguém deve agir sem pensar, mas entre a cabeça que reflete e as mãos que auxiliam, situou o coração por fiel sublime.

MEDIUNIDADE E MISTIFICAÇÃO

Capítulo 47

MEDIUNIDADE E MISTIFICAÇÃO

O livro dos médiuns — Item 303

COMPREENDENDO-SE QUE NA EXPERIÊNCIA HUMANA enxameiam Espíritos desencarnados de todos os estalões, seja lícito comparar os médiuns, tão somente médiuns, aos instrumentos de comunicação usados pelos homens, no trato com os próprios homens.

Médiuns de transporte.

Vejamos o guindaste que opera por muitos estivadores.

Tanto pode manejá-lo um chefe culto, quanto o subordinado irresponsável.

Médiuns falantes.

Observemos o aparelho de gravação.

O microfone que transmitiu mensagem edificante assinala com a mesma precisão um recado indesejável.

Médiuns escreventes.

Analisemos o apetrecho de escrita.

O mesmo lápis que atendeu à feitura de um poema serve à fixação de anedota infeliz.

Médiuns sonâmbulos.

Estudemos a hipnose.

Na orientação de um paciente, tanto consegue estar um magnetizador digno que o sugestiona para a verdade, quanto outro, de formação moral diferente, que o induza à paródia.

A força mediúnica, como acontece à energia elétrica, é neutra em si.

A produção mediúnica resulta sempre das companhias espirituais a que o médium se afeiçoe.

Evidentemente, o médium é chamado a garantir-se na sinceridade com que se conduza e na abnegação com que se entregue ao trabalho dos Bons Espíritos que, em nome do Senhor, se encarregam do bem de todos.

Em tais condições, nada pode o médium temer, em matéria de embustes, porque todos aqueles que se consagram e se sacrificam pelo bem dos semelhantes, jamais mistificam, por se resguardarem na tranquilidade da consciência, convictos de que não lhes compete outra atitude senão a de perseverar no bem, acolhendo quaisquer embaraços por lições, a fim de aprenderem a servir ao bem com mais segurança, já que o merecimento do bem cabe ao Senhor e não a nós.

Fácil reconhecer, assim, que não se carece tanto de ação da mediunidade no Espiritismo, mas, em toda parte e com qualquer pessoa, todos temos necessidade urgente do Espiritismo na ação da mediunidade.

NA LUZ DO TRABALHO

Capítulo 48

NA LUZ DO TRABALHO

A gênese — Cap. 11 — Item 28

BENEFICÊNCIA É TAMBÉM AGRADECER O TRABALHO alheio e caminhar construindo.

* * *

Quando transites na estrada, lança um pensamento de gratidão aos que se feriram nas lajes para que a tivesses; fartando-te à mesa, lembra as dilacerações do lavrador que tratou a semente para que o pão te regalasse; no lar, recorda os que te levantaram o agasalho doméstico, muitas vezes, à custa da própria vida; no simples copo de água que te aplaque a sede, podes meditar nos braços que se conjugaram, em múltiplas tarefas, a fim de que a recolhesses, pura, do filtro...

Em toda parte, inclina-se a vida, à frente de nós, amparando-nos, atenta, de modo a que aprendamos dela o dom de servir.

Não há fruto que apareça maduro.

Humilde molho de maravalhas que te garanta o lume exigiu laboriosa atividade da Criação.

Tudo o que existe de útil reclamou humildade, disciplina, constância, paciência.

A Sabedoria Divina tudo dispôs para que os grandes e os pequenos se entrelacem, na sustentação do bem eterno, conservando cada qual em seu nível de distinção.

O Sol alimenta o verme. O verme aduba a terra.

A planta nutre o sábio. O sábio ergue a escola.

Por mais brilhe no firmamento, a estrela não faz o papel da flor que perfuma e o oceano imponente não substitui o regato, que canta ignorado nas entranhas da gleba, para que o vale se coroe de verdura.

* * *

Tudo se esforça, junto de nós, para que a alegria nos sobeje, além do necessário.

Se já atingiste o discernimento iluminado pela convicção na imortalidade, possuis bastante acústica no raciocínio para assinalar o apelo constante da vida: trabalha, trabalha!...

Se já sabes que outros mundos se seguem a este mundo por degraus da evolução, não desconheces que o teu merecimento, aqui ou além, será medido por tuas obras.

Não te dês, assim, ao logro do desânimo e nem te confies ao perigoso luxo do tédio.

Reflitamos nas forças do Universo, que nos servem infatigavelmente sem perguntar, e para que a beneficência se nos alteie, genuína, do coração, trabalhemos e trabalhemos.

TESTAMENTO NATURAL

Capítulo 49

TESTAMENTO NATURAL

O evangelho segundo o espiritismo
Cap. 16 — Item 15

POR MUITO ASPIRE O HOMEM AO ISOLAMENTO PERTENcerá ele à coletividade que lhe plasmou o berço, da qual recebe influência e sobre a qual exerce influência a seu modo.

Alguém pode, sem dúvida, retirar-se da atividade cotidiana com o pretexto de garantir-se contra os erros do mundo, mas enquanto respira no mundo, ainda que o não deseje, prossegue consumindo os recursos dele para viver.

Qualquer pessoa, dessa forma, deixa ao desencarnar, a herança que lhe é própria.

No que se refere às posses materiais, há no mundo testamentos privados, públicos, conjuntivos, nuncupativos, entretanto, as Leis Divinas escrituram igualmente aqueles de que as leis humanas não cogitam, os testamentos naturais que o Espírito reencarnado lega aos seus contemporâneos através dos exemplos.

Aliás, é preciso recordar que não se sabe, a rigor, de nenhum testamento dos miliardários do passado que ficasse no respeito e na memória do povo, enquanto que determinados gestos de criaturas desconsideradas em seu tempo são religiosamente guardados na lembrança comum.

Apesar do caráter semilendário que lhes marcam as personalidades, vale anotar que ninguém sabe para onde teriam ido os tesouros de Creso, o rei, ao passo que as fábulas de Esopo, o escravo, são relidas até hoje, com encantamento e interesse, quase trinta séculos depois de ideadas.

A terra que mudou de dono várias vezes não é conhecida pelos inventários que lhe assinalaram a partilha e sim pelas searas que produz.

Ninguém pode esquecer, notadamente o espírita, que, pela morte do corpo, toda criatura deixa a herança do que fez na coletividade em que viveu, herança que, em algumas circunstâncias, se expressa por amargas obsessões e débitos constringentes para o futuro.

Viva cada um, de tal maneira que os dias porvindouros lhe bendigam a passagem. Queira ou não queira, cada criatura reencarnada, nasceu entre dois corações que se encontram por sua vez ligados à certa família — família que é célula da comunidade. Cada um de nós responde, mecanicamente, pelo que fez à Humanidade na pessoa dos outros.

Melhoremos tudo aquilo que possamos melhorar em nós e fora de nós. Nosso testamento fica sempre e sempre que o mal lhe orienta os caracteres é imperioso recomeçar o trabalho a fim de corrigi-lo.

Ninguém procure sonegar a realidade, dizendo que os homens são como as areias da praia, uniformes e impessoais, agitadas pelo vento do destino.

A comunidade existe sempre e a pessoa humana é uma consciência atuante dentro dela. Até Jesus obedeceu a semelhante dispositivo da vida. Espírito identificado com o Universo, quando no mundo, nasceu na Palestina e na Palestina teve a pátria de onde nos legou o Evangelho por Testamento Divino.

QUANDO SOFRERES

Capítulo 50

QUANDO SOFRERES

A gênese — Cap. 3 — Item 5

QUANDO SOFRERES, PENSA NO INDEFINÍVEL PODER DE renovação que flui dos vencidos!...

Os gritos dos déspotas da Antiguidade que pompeavam irrisório triunfo desapareceram, encaminhados pela morte à piedade da cinza para que se lhes apagasse a memória, mas a justiça tomou as lágrimas de quantos lhes caíram sob os carros sanguinolentos para gravar as leis que enobrecem a Humanidade.

Os sarcasmos dos que traficavam com a vida dos semelhantes foram abafados na estreiteza do túmulo, mas o pranto dos escravos, que cambaleavam aos rebenques do cativeiro, lavou os olhos das nações conscientes, para que contemplassem o clarão inextinguível da liberdade.

Quando sofreres por alguém ou por alguma causa nobre, medita naquele que a Sabedoria Divina enviou à Terra, para o engrandecimento de todos.

A Eterna Bondade fê-lo nascer, sob cânticos angélicos ao fulgor de uma estrela, e consentiu que se lhe negasse um berço entre os homens.

Situou-lhe a divina embaixada, entre aqueles que detinham no mundo as mais elevadas noções religiosas e não impediu lhe ignorassem a presença.

Dotou-o de carismas sublimes com que reerguesse os paralíticos e iluminasse os cegos e deu-lhe a estrada por moradia.

Colocou-lhe a ciência do Universo na palavra simples, mas não lhe deu qualquer cenáculo de pedra aos ensinos, conquanto providenciasse para que os deserdados e os enfermos, os cansados e os infelizes lhe integrassem a assembleia de ouvintes na largueza do campo.

Revestiu-lhe a influência pessoal com todos os atributos do bem e deixou que o mal lhe alcançasse o círculo dos amigos mais íntimos.

E quando lhe tapizaram o caminho com palmas de vitória, no intuito de lhe entregarem o cetro da autoridade, permitiu que a sombra envolvesse aqueles que mais o admiravam e, quase defronte a eminência do Moriah, em cujo tope se erguia o templo de Salomão, como sendo o mais suntuoso dos monumentos levantados na Terra, em louvor do Deus único, não obstou se lhe desse um monte desolado para a morte num lenho entre malfeitores, a fim de que ele formasse entre os milhões de aflitos e incompreendidos de todos os tempos!...

* * *

Quando sofreres para que haja bondade e verdade, felicidade e concórdia, pensa em Cristo e compreenderás que ninguém consegue realmente auxiliar a ninguém sem amor e sem dor.

PRIVAÇÕES DO CORPO E PROVAÇÕES DA ALMA

Capítulo 51

PRIVAÇÕES DO CORPO E PROVAÇÕES DA ALMA

O evangelho segundo o espiritismo
Cap. 17 — Item 11

O homem, não raro, nas horas difíceis, lança mão de recursos extremos e, por vezes, ilógicos, para diminuir o sofrimento próprio ou alheio, qual acontece nas provas desesperadoras, no sentido de suprimir agonias morais ou curar doenças insidiosas. Daí nasce o contrassenso dos ofícios religiosos remunerados de que se alastram antigos e piedosos enganos, como sejam:

 a recitação mecânica de fórmulas cabalísticas;

 os sacrifícios inúteis visando prioridade e concessões;

as promessas esdrúxulas;

os votos inoportunos;

as penitências estranhas;

os autocastigos em que a vaidade leva o rótulo da fé; os jejuns e as mortificações a expressarem suicídios parciais;

o uso de amuletos;

o apego a talismãs;

o culto improdutivo do remorso sem qualquer esforço de corrigenda na restauração do caminho errado...

Contudo, ao espírita-cristão compete despojar-se de semelhantes conceitos acerca do Criador e da Criação, cristalizados na mente humana através de numerosas reencarnações.

Para nós, não mais existe a crença cega.

Em razão disso, não mais nos acomodamos à ideia do milagre como sendo prerrogativa em favor de alguém sem merecimento qualquer.

De igual modo, urge compreender os mecanismos das Leis Divinas, dispensando-se, ante os lances atormentados da existência terrestre, toda a atitude ilusória ou espetacular.

Omissão não resolve.

E em matéria de comportamento moral na renovação da vida, abstenção do serviço no bem de todos, é deserção vestida de alegações simplesmente acomodatícias, dentro da qual o crente não apenas foge das responsabilidades que lhe cabem, como também ainda exige presunçosamente que Deus se transforme em escravo de suas extravagâncias.

Situa-nos a Doutrina Espírita diante de nós mesmos.

Estamos espiritualmente hoje onde nos colocamos ontem.

Respiraremos amanhã no lugar para onde nos dirigimos.

Usemos a oração para compreender as nossas necessidades, solucionando-as à luz do trabalho sem o propósito de ilaquear os poderes divinos.

A Lei é equânime, justa, insubornável.

A criatura — gota igual às demais no oceano imenso da Humanidade Universal — não é cliente de privilégios.

Eis por que, ao invés de procurar, espontaneamente, penitências improdutivas para nós, é imperioso buscar voluntariamente o auxílio eficiente aos semelhantes.

Espiritismo é sublime manancial de energia espiritual. Haurindo forças, acatemos sem revolta aquilo que a Vida nos oferece, trazendo paz na consciência e entendimento no coração.

O mundo atual prescinde de quantos se transformam em ascetas e eremitas de qualquer condição.

Até a penalogia moderna procura imprimir utilidade às horas dos presidiários, valorizando-lhes a reeducação em colônias agrícolas e em outras organizações coletivas, à busca de regeneração moral e social.

E a própria psiquiatria, presentemente, institui a laborterapia para que os enfermos da alma se recuperem, pela atividade edificante.

Para o espírita, portanto, a Vida e o Universo surgem ajustados à lógica e esclarecidos na verdade.

Apelemos para os recursos da prece, a fim de que sejamos sustentados em nossos próprios deveres, reconhecendo, porém, que Deus não é vendedor de graças ou doador de obséquios, em regime de exceção, e sim o Criador Incriado, perfeito em todos os seus atributos de justiça e de amor.

Capítulo 52

TEMPO DA REGRA ÁUREA

O evangelho segundo o espiritismo
Cap. 18 — Item 5

FAREMOS HOJE O BEM A QUE ASPIRAMOS RECEBER.

Alimentaremos para com os semelhantes os sentimentos que esperamos alimentem eles para conosco.

Pensaremos acerca do próximo somente aquilo que estimamos pense o próximo quanto a nós.

Falaremos as palavras que gostaríamos de ouvir.

Retificaremos em nós tudo o que nos desagrade nos outros.

Respeitaremos a tarefa do companheiro como aguardamos respeito para a responsabilidade que nos pesa nos ombros.

Consideraremos o tempo, o trabalho, a opinião e a família do vizinho tão preciosos quanto os nossos.

Auxiliaremos sem perguntar, lembrando como ficamos felizes ao sermos auxiliados sem que nos dirijam perguntas.

Ampararemos as vítimas do mal com a bondade que contamos receber em nossas quedas, sem estimular o mal e sem esquecer a fidelidade à prática do bem.

Trabalharemos e serviremos nos moldes que reclamamos do esforço alheio.

Desculparemos incondicionalmente as ofensas que nos sejam endereçadas no mesmo padrão de confiança dentro do qual aguardamos as desculpas daqueles a quem porventura tenhamos ofendido.

Conservaremos o nosso dever em linha reta e nobre, tanto quanto desejamos retidão e limpeza nas obrigações daqueles que nos cercam.

Usaremos paciência e sinceridade para com os nossos irmãos, na medida com que esperamos de todos eles paciência e sinceridade, junto de nós.

Faremos, enfim, aos outros o que desejamos que os outros nos façam.

Para que o amor não enlouqueça em paixão e para que a justiça não se desmande em despotismo, agiremos persuadidos de que o tempo da regra áurea, em todas as situações, agora ou no futuro, será sempre hoje.

Capítulo 53

NATURAL E INEVITÁVEL

O evangelho segundo o espiritismo
Cap. 18 — Item 16

NATURAL E NEM PODIA SER DE OUTRO MODO.

Respirará na Terra por alvo de permanente observação à guisa de ator supliciado na ribalta da vida...

Caminhando sob a ironia de muitos qual um peregrino sem pouso certo...

Incompreendido nos melhores propósitos, figurando-se pobre sentenciado a sistemático abandono sem apelação de qualquer natureza...

Considerado na categoria de louco, muita vez, pelos entes mais caros...

Dilapidado nos interesses imediatos, como se estivesse automaticamente deserdado de todos os bens...

Preterido onde se encontre qual se fosse irresponsável...

Experimentado por golpes e zombarias, sob o guante da antipatia gratuita...

Sobrecarregado de obrigações à maneira de escravo, submetido às exigências e caprichos de muita gente...

Espancado nos sentimentos qual se trouxesse no peito um coração de mármore...

Perseguido nas realizações, cercado de desafetos que ajuntou sem querer...

Mal interpretado nas palavras que profira, qual forasteiro a expressar-se por idioma desconhecido...

Desajustado onde more, apontado por estrangeiro no próprio rincão natal...

Injuriado nos pontos de vista, parecendo o indesejável representante de detestada minoria...

Ferido nas próprias aspirações, como se nunca devesse necessitar de carinho...

Contrariado em todos os desejos, qual criança que vagueia, enjeitada de todos...

Sacrificado nas menores aquisições, lembrando um pária sem apoio e sem rumo...

Tentado a quedas morais em cada momento, à maneira de viajante numa estrada marginada de abismos...

Condenado sem culpa qual inocente no banco dos réus...

Humilhado sem razão à feição do homem reto inconsideradamente relacionado por malfeitor...

Qual acontecia ao cristão simples e verdadeiro da era apostólica, assim viverá todo espírita sincero que aspire à renovação de si mesmo, realmente consagrado a servir com Jesus pela vitória do Evangelho.

EMBAIXADORES DIVINOS

Capítulo 54

EMBAIXADORES DIVINOS

O céu e o inferno — 1ª Parte
Cap. 8 — Item 14

Eles, os Embaixadores Divinos, quando chegam a nós, Espíritos internados na escola da evolução, trazem consigo as harmonias supremas.

Expressam-se raramente por estruturas humanas, conquanto permitam que artistas de sentimento elevado lhes imaginem a forma, nas alegorias da abstração ou na linguagem dos símbolos.

Manifestam-se quase sempre por influxos de sabedoria e beleza, amor e refazimento.

São frêmitos de esperança, alavancas intangíveis de força, clarões relampagueantes no firmamento da alma, a se lhe espelharem nas telas do pensamento por ideias sublimes e sonhos majestosos, visões interiores de magnificência intraduzível, cujo fulgor recorda a auréola solar dissipando as trevas!...

Abeiram-se das mães fatigadas de pranto e renovam-lhes a ternura para que afaguem de novo os filhos ingratos; aproximam-se dos corações exaustos de sacrifício, impelindo-os a converter soluços de sofrimento em cânticos de alegria; envolvem o cérebro daqueles que se consagram espontaneamente à felicidade dos semelhantes e comunicam-lhes o lume da inspiração, que se lhes transfigura, no campo mental, em cores e melodias, invenções e modelos, composições literárias e revelações científicas, poemas e vozes, hinos à bondade e planos de serviço que atendam anseios e aspirações das criaturas famintas de acesso aos reinos superiores do Espírito; abraçam os lidadores do bem e reaquecem-lhes os corações para que não se imobilizem, sob o granizo da calúnia, e nem se entorpeçam, ao verbo gelado e fulgurante das filosofias estéreis; beijam a fronte pastosa dos agonizantes que aguardam tranquilamente a morte, rociando-lhes o olhar com lágrimas de júbilo ao desvendar-lhes os gloriosos caminhos da liberdade; enlaçam os servidores humildes que suam e choram na gleba, a fim de que o mundo se abasteça suficientemente de pão, e levantam-lhes a cabeça para a contemplação do Céu...

Quando a ventania da adversidade te assopre desalento ou quando a sombra da provação te mergulhe em nuvens de tristeza, recorre a eles, os Embaixadores Divinos do Amor Eterno, e sentirás, de imediato, o calor da fé, nutrindo-te a paciência e acalentando-te a vida.

Para isso, basta te recolhas à paz do silêncio, acendendo em ti mesmo leve chama de oração por atalaia de luz.

O PASSE

Capítulo 55

O PASSE

O evangelho segundo o espiritismo
Cap. 26 — Item 7

O PASSE NÃO É UNICAMENTE TRANSFUSÃO DE ENERgias anímicas. É o equilibrante ideal da mente, apoio eficaz de todos os tratamentos.

Desânimo e tristeza, tanto quanto insatisfação e revolta, são síndromes da alma, estabelecendo distonias e favorecendo moléstias do corpo.

Se há saúde, esses estados de espírito patrocinam desastres orgânicos; na doença equivalem a fatores predisponentes da desencarnação prematura.

Mas não é só isso.

Em todo desequilíbrio mental, as forças negativas entram mais facilmente em ação instalando processos obsessivos de duração indeterminada.

Se usamos o antibiótico por substância destinada a frustrar o desenvolvimento de micro-organismos no campo físico, por que não adotar o passe por agente capaz de impedir as alucinações depressivas, no campo da alma?

Se atendemos à assepsia, no que se refere ao corpo, por que descurar dessa mesma assepsia no que tange ao espírito?

A aplicação das forças curativas em magnetismo enquadra-se a efluvioterapia com a mesma importância do emprego providencial de emanações da eletricidade.

Espíritas e médiuns espíritas, cultivemos o passe, no veículo da oração, com o respeito que se deve a um dos mais legítimos complementos da terapêutica usual.

Certamente os abusos da hipnose, responsáveis por leviandades lamentáveis e por truanices de salão, em nome da Ciência, são perturbações novas no mundo, mas o passe, na dignidade da prece, foi sempre auxílio divino às necessidades humanas. Basta lembrar que o Evangelho apresenta Jesus, ao pé dos sofredores, impondo as mãos.

Capítulo 56

AMOR ONIPOTENTE

O evangelho segundo o espiritismo
Cap. 5 — Item 12

Na hora atribulada de crise, em que as circunstâncias te prostraram a alma na provação, muitos acreditaram que não mais te levantarias, no entanto quando as trevas se adensavam, em torno, descobriste ignoto clarão que te impeliu à trilha da esperança, laureada de sol.

Na cela da enfermidade, muitos admitiram que nada mais te faltava senão aceitar o lance da morte, contudo, nos instantes extremos, mãos intangíveis te afagaram as células fatigadas, renovando-lhes o calor, para que não deixasses em meio o serviço que te assinala a presença na Terra.

***

No clima da tentação, muitos concordaram em que apenas te restava a decadência definitiva, todavia, nos derradeiros centímetros da margem barrenta que te inclinava ao despenhadeiro, manifestou-se um braço oculto que te deteve.

Na vala da queda a que te arrojaste, irrefletidamente, muitos te julgaram para sempre em desprezo público, entretanto, ao respirares, no cairel da loucura, recolheste íntimo apoio, que te guardou o coração, refazendo-te a vida.

* * *

Na tapera da solidão a que te relegaram os entes mais queridos, muitos te supuseram em supremo abandono, mas no último sorvo do pranto que te parecia inestancável, experimentaste inexplicável arrimo, induzindo-te a buscar outros afetos que passaram a enobrecer-te.

* * *

No turbilhão das dificuldades que te envolvam o dia, pensa em Deus, o Amor Onipresente, que não nos desampara.

Por mais aflitiva seja a dor, trará Ele bálsamo que consola; por mais obscuro o problema, dará caminho certo à justa solução.

Ainda assim, não te afoites em personalizá-lo ou defini-lo. Baste-nos a palavra de Jesus que no-lo revelou como sendo Nosso Pai.

Sobretudo, não te importe se alguém lhe nega a existência enquanto se lhe abrilhantam as palavras nas aparências do mundo, quando pudeste encontrá-lo, dentro do coração, nos momentos de angústia.

É natural seja assim. Quando a noite aparece, é que os olhos dos homens conseguem divisar o esplendor das estrelas.

ESCALA DO TEMPO

Capítulo 57

ESCALA DO TEMPO

O evangelho segundo o espiritismo
Cap. 20 — Item 2

NÃO TE ATRIBULES. ENTENDIMENTO ESPIRITUAL PEDE paz à alma.

Ninguém usufrui duas situações ao mesmo tempo. Seja na alegria ou na provação, o homem desfruta a existência vivendo hora após hora, minuto por minuto.

O tempo é imperturbavelmente dosado. Concessão igual a todos. Em nada auxilia a aflição pelo que virá: no cerne do sentimento não há duas crises simultâneas. Para coisa alguma serve chorar pelo que aconteceu: não podemos retomar a oportunidade perdida. O passado ensina e o futuro promete em função do presente.

Ninguém confunda precipitação com diligência. Precipitação é pressa irrefletida. Diligência é zelo prestimoso. Não vale acelerar imprudentemente a execução disso ou daquilo: toda realização digna é obtida a pouco e pouco.

Por outro lado, igualmente não será lícito amolentarmo-nos. Importa combater negligência com atividade, sobrepor coragem ao desalento.

A pior circunstância traz consigo instruções preciosas, tanto quanto o fruto mais corrompido carrega sementes de subido valor. Cabe-nos descobri-las e utilizá-las.

O melhor não se efetua em marcha atordoada. A própria Natureza nos oferece o que pensar. Planta alguma é favorecida com primavera de dupla duração. O golpe de vento que fustiga o capim é o mesmo que estorcega o jequitibá.

As grandes edificações são erguidas em serviço regular e uniforme, com intervalos de sono reparador que refaçam as forças na mente e pausas de lazer que restaurem as energias do coração.

Toda ideia benéfica roga meditação para engrandecer-se. Todo temperamento é suscetível de ser dominado dentro das regras que nos orientam a educação.

Reflitamos na justiça das horas. Tempo é valor divino na experiência humana. Cada consciência plasma com ele o próprio destino.

O tempo que o Cristo despendeu na elevação era perfeitamente igual ao tempo que Barrabás gastou na criminalidade. A única diferença entre eles é que Jesus empregou o tempo engrandecendo o bem, e Barrabás usou o tempo gerando o mal. Entre a luz de um e a sombra do outro, o proveito do tempo se gradua por escala infinita. Melhorar-nos ou agravar--nos dentro dela é escolha nossa.

FÉ EM DEUS

Capítulo 58
FÉ EM DEUS

A gênese — Cap. 2 — Item 7

Antes de Jesus, profetas e guerreiros asseveravam agir em nome da fé em Deus.

Moisés, conquanto venerável pela fidelidade e pela justiça, não hesitava na aplicação da ira, admitindo representá-lo.

Josué presumia proclamar-lhe a grandeza com bandeiras sanguinolentas, ao submeter populações inermes, além do Jordão.

David supunha dignificá-lo, quando conquistou a montanha de Sião, à custa do pranto das viúvas e dos órfãos.

Salomão acreditava reverenciá-lo, ao consumir a existência de numerosos servidores, amontoando madeiras e metais preciosos na construção do templo famoso que lhe guardou a memória.

E todos nós, em várias reencarnações, temos pretendido honorificar a fé em Deus, fomentando guerras e espoliando os semelhantes, através das crises de fanatismo e das orgias de ouro.

***

O Espiritismo, porém, nos revela Jesus, abraçando o serviço espontâneo à Humanidade, como sendo a tradução da própria fé.

Embora livre, transfigurou-se em servidor da comunidade estendendo mais imediata assistência aos que se colocavam na última plana da escala social.

Sem nenhum juramento que o obrigasse a tratar dos enfermos, amparou os doentes com extremada solicitude.

Não envergava toga de juiz e patrocinou a causa dos deserdados.

Distante de qualquer compromisso na paternidade física, chamou a si as criancinhas.

Fora de todos os vínculos da política, ensinou o acatamento às autoridades constituídas.

Profundamente franco, era humilde em excesso com os ignorantes e com os fracos, e, profundamente humilde, era franco, tanto quanto se pode ser, com todos aqueles que conheciam as próprias responsabilidades, à frente dos preceitos divinos, fugindo de respeitá-los.

Passou no mundo, abençoando e consolando, esclarecendo e servindo, mas preferiu morrer a tisnar o mandato de amor e verdade que o jungia aos desígnios do Eterno Pai.

* * *

Para nós, os cristãos encarnados e desencarnados, seja na luz da Doutrina Espírita ou ainda ausentes dela, é importante o exame periódico dos nossos testemunhos pessoais de religião, na experiência cotidiana, para sabermos o que vem a ser fé em Deus em nós e fé em Deus no Mestre que declaramos honrar.

NO SILÊNCIO DA PRECE

Capítulo 59

NO SILÊNCIO DA PRECE

O evangelho segundo o espiritismo
Cap. 27 — Item 6

Em ti, no silêncio da prece mental, sem que tenhas necessidade de ver ou perceber, em sentido direto, o coração bate sem cessar na cadência admirável da vida.

Movimenta-se o sangue, por mil canalículos diversos.

Intestinos trabalham independentes de tua vontade sustentando-te a nutrição.

Pulmões arfam revolvendo o ar que te envolve.

Impulsos nervosos eletrizam-te a imensa população celular do cérebro.

Miríades e miríades de unidades de vida microscópica palpitam-te na concha da boca.

***

Em torno de ti, no silêncio de tua prece, os átomos se agitam em vórtices intermináveis na estrutura material da roupa que te veste e dos sapatos que te calçam.

A eletricidade vibra esfuziante por quilômetros e quilômetros de fios, transformando-se, não longe de ti, em força, luz e calor.

Milhares de criaturas humanas num perímetro de algumas léguas em derredor, falam, cantam e choram sem que ouças.

Outros milhões de vozes em dezenas de idiomas, nas ondas hertzianas, entrecruzam-se à tua volta sem que as registres.

Raios sem conta chovem sobre ti sem que lhes assinales a presença.

Inúmeros fenômenos meteorológicos se sucedem em toda parte, sem que consigas relacioná-los.

O planeta faz giros velozes carregando-te, em paz e segurança, sem que tomes qualquer conhecimento disso.

***

Igualmente, no silêncio de tua prece, acionas vasto mecanismo de auxílio e socorro na atmosfera que te rodeia, comparável a imenso laboratório invisível.

O teu influxo emocional dirige-se além de teus sentidos para onde te sintonizes, através de insondáveis elementos dinâmicos.

***

Não descreias da oração por não lhe marcares fisicamente os resultados imediatos.

O firmamento não é impassível porque te pareça mudo.

No silêncio de tua prece mental, podes expressar até mesmo com mais veemência do que num discurso de mil palavras, o hino vibrante do amor puro, a ecoar pelo Infinito, assimilando no âmago do ser a Divina Luz, que te sublimará todos os anseios e esperanças, na renovação do destino.

EVANGELHO E
ESPIRITISMO

Capítulo 60

EVANGELHO E ESPIRITISMO

A gênese — Cap. 1— Item 41

TODOS AQUELES QUE NEGAM A FEIÇÃO RELIGIOSA DO Espiritismo, recusando-lhe a posição de Cristianismo Restaurado, decerto, ainda não abarcaram, em considerações mais amplas, a essência evangélica em que se lhe estruturam os princípios, nos mais íntimos fundamentos.

Examinemos, pela rama, alguns dos pontos mais importantes de formação do Testamento Kardequiano:

O livro dos espíritos, que se popularizou com 1.018 questões, sabiamente explanadas, não obstante os primores filosóficos de que se compõe, é um código de responsabilidade moral, iniciado com duas proposições, acerca de Deus e do Infinito, e rematado com outras duas, que se reportam ao Reino do

Cristo nos corações e ao reinado do bem, no caminho dos homens.

***

O livro dos médiuns, volume de metodologia para o intercâmbio entre encarnados e desencarnados, apresenta, de entrada, valiosa argumentação, alusiva à existência do Mundo Espiritual, e reúne, no encerramento, diversas comunicações de individualidades desencarnadas, ao mesmo tempo que nos convida a exame sério e imparcial de todas as mensagens recolhidas do Além, por via mediúnica, salientando-se que a primeira página da seleção exposta começa com significativa advertência de Agostinho: "Confiai na bondade de Deus e sede bastante clarividentes para perceberdes os preparativos da vida nova que Ele vos destina."

***

O evangelho segundo o espiritismo abre as próprias elucidações com judiciosos apontamentos, em torno de Moisés e da Lei Antiga, compendiando, em seguida, os ensinos de Jesus, em todo o texto, para concluir, alinhando comovedores poemas de exaltação à prece.

***

O céu e o inferno, tomo de cogitações francamente religiosas, segundo a definição do título, começa analisando o porvir humano, do ponto de vista espiritual, e termina com o ditado de José, o cego, Espírito de evolução mediana, que encarece a necessidade do sofrimento no serviço expiatório da consciência culpada e destaca a excelência da reencarnação, na Justiça Divina.

* * *

A gênese, o livro final da Codificação e que enfeixa arrojadas teses de Ciência e Filosofia, enfileira 18 capítulos, com mais de 100 artigos, dos quais mais da terça parte se referem exclusivamente a passagens e lições do Divino Mestre, acrescendo notar que a obra principia, aceitando o Espiritismo em sua missão de Consolador Prometido, com a função de explicar e desenvolver as instruções do Cristo, e despede-se com admiráveis reflexões sobre a geração nova e a regeneração da Humanidade.

* * *

Cremos de boa-fé que todos os companheiros, propositadamente distanciados da tarefa religiosa do Espiritismo, assim procedem, diligenciando imunizar-nos contra a superstição e o fanatismo, que a plataforma libertadora da própria Doutrina Espírita nos obriga a remover, mas, sinceramente, não entendemos a Nova Revelação sem o Cristianismo, a espinha dorsal em que se apoia. Isso acontece, porque, se após dezenove séculos de teologia arbitrária, não chegaríamos a compreender agora, no mundo, o Evangelho e Jesus Cristo, sem Allan Kardec, manda a lógica se proclame que o Espiritismo e Allan Kardec se baseiam em Jesus Cristo, de ponta a ponta.

ÍNDICE GERAL[2]

Adubo
   anseio pelo adubo da fé – 42
Alegria
   esforço para que a * sobeje – 48
Alimentação
   aproveitamento da * na família – 9
Alma(s)
   acrisolamento – 9
   companheiras – 23
   hora atribulada de crise – 56
   provas da sobrevivência – 31
   remorsos ocultos – 1
   síndromes – 55
   súplicas – 42
Amor
   coração do Evangelho – 19
   mediunidade, portal sublime – 41

Amor Onipresente
ver **Deus**
Amparo
   mãos fraternas no * mútuo – 24
Antiguidade
   déspotas – 50
Anytos, carrasco
   imaginado feliz – 40
Apóstolo *ver também* **Allan Kardec**
   restauração da palavra do Cristo – 2
Barrabás, julgado feliz
   emprego do tempo – 57
   malfeitor – 40
Bem
   certeza no *, felicidade real – 27
   exaltação – 16
Beneficência
   alteamento – 48
   conceito – 48
   tipo raro – 38

[2] N.E.: Remete ao capítulo.

Benevolência
cultivo – 28
equilíbrio – 28
trato com * e
brandura – 9

Boa-Nova
ameaça pela influência
judaizante – 37

Bondade
amparo às vítimas do
mal – 52
manifestação da * da
vida – 18

Burilamento
comportamento do
interessado no *
moral – 23

Caridade
acende clarão de uma
bênção – 46
aperfeiçoamento – 9
bom senso – 15
espírito do
Espiritismo – 19
expressão do
coração – 30
nascimento – 30
sol que abraça a
todos – 32
sol que varre as
sombras – 42
tipo raro de
beneficência – 38

Carinho
necessidade – 53

Carteira de identidade
validade – 35

Casa espírita
fonte de consolo e
sustentação – 41

Cavendish
descoberta do
hidrogênio – 45

Céu
espaço infinito – 14

Céu e o inferno, O, livro
Allan Kardec – 60
José, o cego,
Espírito – 60

Cilício
prática de boa-fé – 44

Codificação do Espiritismo
superioridade dos
Espíritos sábios – 34

Coletividade
influência – 49

Colheita
   fatalidade – 27
Compreensão
   necessidade de * e
   desculpa – 32
Conhece-te a ti mesmo
   origem – 13
Consciência
   interrogação – 1
Cooperação
   doação da * fraternal – 36
Coração
   obediência aos
   impulsos – 33
Corpo
   respeito dedicado – 40
Criador Incriado
ver **Deus**
Criador *ver* **Deus**
Criança
   sinal de bondade para *
   desditosa – 46
Cristão
   testemunhos pessoais de
   religião – 58
Cristianismo
   bases do * e Jesus – 2
   Nova Revelação sem – 60

Cristo *ver* **Jesus**
Crítica
   fuga – 11
Culpa
   condenação sem – 53
Desencarnação
   conceito – 43
   herança deixada – 49
Desespero
   culpa pelo * do
   necessitado – 46
Desobsessão
   atividade libertadora pela
   prece – 18
Destino
   arquitetos – 13
   construção – 19
Deus
   adoração em espírito – 2
   bênção de *, objetivo da
   perfeição – 27
Dever
   conservação do dever em
   linha reta – 52
   Espírita-cristão – 1
   médium – 8
   persistência no * a
   cumprir – 17

Dificuldade
   exemplo de Jesus – 16
   temor à extensão – 16

Diligência
   conceito – 57

Dor
   bálsamo que consola a *
   aflitiva – 56

Doutrina Espírita
   alicerce – 9
   Codificação da * e
   Kardec – 4
   código de princípios – 12
   estrutura da
   organização – 34
   fiel da balança – 43
   princípios da * e
   Kardec – 2
   remoção da superstição e
   do fanatismo – 60
   restauração do
   Evangelho – 12

Dúvida
   preguiça mascarada – 17

Efluvioterapia
   importância – 55

Embaixador Divino
   manifestação nas telas do
   pensamento – 54
   sentimento do calor
   da fé – 54

Epístola aos Romanos
   Paulo de Tarso – 26

Equilíbrio
   avanço na estrada – 13

Erro
   condição necessária ao
   aprendizado – 13

Esfera Superior
   recomendação dos
   emissários – 39

Esforço coletivo
   surgimento – 23

Espírita
   abdicação do
   raciocínio – 29
   colaboração na extensão
   do conhecimento – 37
   comportamento – 5, 7, 33
   conceito * da
   felicidade – 40
   conquista de
   aplausos – 29
   desapreço à propriedade
   alheia – 5
   entendimento * aos
   acontecimentos
   cotidianos – 40
   estacionário – 1

manejando a verdade – 7
necessitado difícil das horas escuras – 36
relaxamento da educação – 37
renovação de si mesmo – 53
resumo do assunto com a lógica – 39
santidade de superfície – 33
serviço do * através da atitude – 3

Espírita-cristão
conceitos acerca do Criador e da Criação – 51
crença cega – 51
dever – 1

Espiritismo
abrangência – 5
advertência – 39
anúncio de vantagens materiais – 24
base em Jesus Cristo – 60
conhecimento de reencarnação – 6
Consolador prometido por Jesus – 6, 60
Cristianismo Restaurado – 60
enxertia de práticas estranhas – 25
manancial de energia espiritual – 51
necessidade do * na ação da mediunidade – 47
perturbação na marcha – 29
preservação do * e Allan Kardec – 37
religião natural da verdade e do bem – 12
responsabilidade em nossas mãos – 6
restauração do Cristianismo – 26
revelação de Jesus – 58
Testamento Kardequiano – 60
visão do Universo – 6

Espírito
berço – 27
testamentos naturais legados – 49
transformação moral – 35

Espírito benevolente
considerações – 43
críticas – 43

Espírito protetor
missão – 24

Espírito(s) sábio(s)
    presença dos * na obra de Allan Kardec – 34
    superioridade dos * na Codificação do Espiritismo – 34

Espírito sofredor
    análise prudente das comunicações – 15

Espírito Superior
    consciência da responsabilidade – 31

Evangelho
    alegria no coração – 1
    caminho à emancipação espiritual – 4
    comentários – 14
    gratificações do mundo – 24
    primeira hora – 2
    restauração do * e Doutrina Espírita – 12
    sublimação do Espírito – 10
    Testamento Divino – 49

Evangelho segundo o espiritismo, O, livro
    ensinos de Jesus – 60
    Moisés e a Lei Antiga – 60

Excelso Semeador
ver **Jesus**

Falibilidade
    reconhecimento – 13

Fé
    agente irradiante de * renovadora – 17
    anseio pelo adubo – 42
    benefícios – 14
    claustro nebuloso da * petrificada – 16
    honrar a * em Deus – 58
    medo e * raciocinada – 41
    sentimento do calor da * e Embaixador Divino – 54

Fé raciocinada
    consolidação – 1

Felicidade
    conceito espírita – 40
    sentimento de * no auxílio – 46

Fenômeno mediúnico
    comunicação de familiares – 17
    elevação do índice de lucidez mental – 17
    estados psicológicos – 17
    legitimidade – 17

manifestação de personalidades – 17
reajuste físico e moral – 17
reconforto dos enfermos – 17
sensação íntima na abordagem inicial – 17

Fome
sentimento de * de luz – 36

Força mediúnica
neutralidade – 47

Fraternidade
abraço universal – 11

Futuro
promessa do * em função do presente – 57

Gênese, A, livro
Allan Kardec – 60
teses de Ciência e Filosofia – 60

Gutenberg
alicerces da imprensa – 45

Herança
obsessões e débitos constringentes – 49

Higiene
renovação exterior – 39

Hipnose
abusos – 55

História
conserto da * presente – 10

Homem
domínio da linguagem – 31
Espírito imortal – 31

Hospital
benefício da visita – 44

Humildade
acomodação – 26

Imortalidade
convicção – 48

Indulgência
espera pela * alheia – 28

Inquietação
quanto dói – 46

Jesus, renovador do mundo
agradecimento de * pela bagatela de bondade – 46
amor – 2
bases do Cristianismo – 2
ciência do Universo na palavra simples – 50

    colaboração na seara – 1
    constrói – 2
    empregou do tempo – 57
    estímulo à publicidade do Evangelho – 37
    exaltação da glória – 14
    expressão do amor – 45
    Judas – 32
    lembrança de * impondo as mãos – 55
    nascimento sob cânticos angélicos – 50
    palavras de * nas páginas do Evangelho – 11
    palavras inesquecíveis – 10
    Pilatos – 32
    porta – 2
    recomendação – 36
    suposto infeliz – 40
    Vinde a mim, que eu vos aliviarei – 38

Josué
    proclamação da grandeza de Deus – 58

Judas
    Jesus – 32

Juiz
    vida na posição do * de ti próprio – 13

Kardec, Allan ver também **Apóstolo**
    afirmação – 16
    base em Jesus Cristo – 60
    caridade – 2
    Céu e o inferno, O, livro – 60
    chave – 2
    Codificação da Doutrina Espírita – 4
    definição da prática mediúnica – 45
    Evangelho segundo o espiritismo, O, livro – 60
    Gênese, A, livro – 60
    impugnação – 2
    início do trabalho doutrinário – 37
    Livro dos espíritos, O – 24, 60
    Livro dos médiuns, O – 60
    obra de * e Espíritos sábios – 34
    Paulo de Tarso – 37
    preservação do Espiritismo – 37
    princípios da Doutrina Espírita – 2
    razão – 2

Laborterapia
recuperação dos enfermos da alma – 51

Lágrima
expressão – 19

Leis Morais
dinheiro empregado no estudo – 39

Linguística
espírito de fraternidade – 10

Livro dos espíritos, O
Allan Kardec – 24, 60
código de responsabilidade moral – 60

Livro dos médiuns, O
Allan Kardec – 60
estudo – 45
existência do Mundo Espiritual – 60
mediunidade com Jesus – 45

Loucura
íntimo apoio à beira – 56

Luz divina
contemplação – 44

Mal
habilitação para o * e para o bem – 19

Mandato mediúnico
distância – 15

Mãos
afago das *
intangíveis – 56

Matemática
educação do caráter – 10

Médium de transporte
analogia – 47

Médium escrevente
analogia – 47

Médium falante
analogia – 47

Médium medroso
medianeiro frustrado – 41

Médium sonâmbulo
analogia – 47

Médium(uns)
apoiados pelos Grandes Irmãos – 8
consagração à própria função – 22
dever cumprido – 8
embuste – 47
herança – 8

incorporação
consciente – 17
influenciação
inferior – 15
lisonja aos * e
tarefeiros – 29
mensageiros da Eterna
Alegria – 8
purificação do
pensamento – 8

Mediunidade
acessibilidade – 22
afastamento – 15
alavanca de expansão do
Espiritismo – 15
análise dos temas – 14
aspecto menos
importante – 15
conduta de Cristo – 21
desenvolvimento – 20
eficiência mediúnica – 20
fonte de bênçãos – 15
manifestação de Espírito
para Espírito – 41
portal sublime do
amor – 41
temor – 41
tipos – 22
trabalhador sem
paciência – 21

Medo
fé raciocinada – 41
sinônimo – 41

Merecimento
conquista – 48
ideia do milagre – 51

Mérito
rogativa sem * no
trabalho pessoal – 19

Mestre *ver* **Jesus**

Milagre
considerações – 13
merecimento – 51

Miliardário
testamento de * na
memória do povo – 49

Moisés
aplicação da ira – 58
expressão da justiça – 45

Mundo(s)
existência do *
Espiritual – 60
pluralidade – 48

Neurônio
comportamento – 31

Obsessão
bolo pestífero – 18
hipnose da * oculta – 4

Ofensa
desculpa incondicional – 52

Ofício religioso
contrassenso do * remunerado – 51

Oração
amparo do caminho – 36
chama de * por atalaia de luz – 54
cultivo do passe – 55
luz que se acende – 18
utilidade – 51

Orgulho
inteligência hipertrofiada – 33

Paciência
teste – 1
trabalhador sem * na mediunidade – 21

Passe
alucinações depressivas – 55
auxílio divino às necessidades humanas – 55
assepsia no Espírito – 55
conceito – 55
cultivo do * na oração – 55
Jesus impondo as mãos – 55

Pasteur
instituição da imunização – 45

Paulo de Tarso
Allan Kardec – 37
caridade – 9
Epístola aos Romanos – 26
observações – 26

Paz
entendimento espiritual pede * à alma – 57

Pensamento
manifestação dos Embaixadores Divinos – 54

Perdão
invocação do * da Providência Divina – 32

Personalismo
porta sutil para a vaidade – 23

Pilatos
comodismo – 33
Jesus – 32

Prece
atividade libertadora – 18

expressão do amor
puro – 59
laboratório invisível – 59
presença de raios sem
conta – 59
silêncio da * mental – 59
transformação da * em
força, luz e calor – 59

Precipitação
conceito – 57

Presidiário
valorização – 51

Processo obsessivo
instalação – 55

Progresso
conquista – 24

Psicologia
estudo da
reencarnação – 10

Queda moral
tentado à * em cada
momento – 53

Raciocínio
aconselhamento – 30
autoridade – 30
conquista espiritual – 13
intervenção – 30
violência contra a
consciência – 30

Razão
humilhação sem – 53

Reino dos Céus
servo leal de todos – 22

Renascimento
objetivo – 19

Renovação
transformação pela * do
entendimento – 26

Responsabilidade
ocultação – 14
respeito para a *
própria – 52

Sacrifício
transformação do * em
luz renascente – 16

Salomão
construção do templo
famoso – 58

Sarcasmo
esquecimento – 11

Senhor ver **Jesus**

Sentimento
alimentação – 52

Silêncio
expressividade – 19

Sócrates, pai da filosofia
considerado infeliz – 40

Sofrimento
abrandamento – 44
determinação do * alheio – 38
diminuição – 50

Solidão
doloroso tipo – 16

Solidariedade
exercício – 36

Socorro
súplica – 46

Tédio
perigoso luxo – 48

Temperança
aprendizagem – 26

Templo espírita
escola benemérita – 10

Tempo
valor divino na experiência humana – 57

Testamento
correção – 49

Trabalho
alimento da Criação – 35
anonimato – 11

Traço espírita
convite da consciência – 3

Vacilação
sintoma de fraqueza moral – 27

Verdade
dosagem da * na administração – 34
instrução à criança – 34
religião natural da * e do bem – 12

Vida
apelo constante – 48
perenidade da *, prazo de burilamento – 27

Vida Maior
exemplo dos instrutores – 34

Virtude
excelência – 14

www.febeditora.com.br

/febeditora   /febeditoraoficial   /febeditora

Conselho Editorial:
Jorge Godinho Barreto Nery – Presidente
Geraldo Campetti Sobrinho – Coord. Editorial
Cirne Ferreira de Araújo
Evandro Noleto Bezerra
Maria de Lourdes Pereira de Oliveira
Marta Antunes de Oliveira de Moura
Miriam Lúcia Herrera Masotti Dusi

Produção Editorial:
Elizabete de Jesus Moreira
Luciana Vecchi M. Cunha

Revisão:
Wagna da Silva Carvalho

Capa, Diagramação e Projeto Gráfico:
César Oliveira

Foto de Capa:
Acervo público | pexels.com

Normalização Técnica:
Biblioteca de Obras Raras e Documentos Patrimoniais do Livro

Esta edição foi impressa pela Gráfica e Editora Qualytá Ltda., Brasília, DF, com tiragem de 3 mil exemplares, todos em formato fechado de 155x230 mm e com mancha de 105x180 mm. Os papéis utilizados foram o Off white bulk 58 g/m² para o miolo e o Cartão 250 g/m² para a capa. O texto principal foi composto em Georgia 13/18 e os títulos em Baskerville Old Face 40/41. Impresso no Brasil. *Presita en Brazilo.*